Heiner Müller
Die Gedichte

Suhrkamp Verlag

Erste Auflage 1998
© Suhrkamp Verlag Frankfurt am Main 1998
Alle Rechte vorbehalten
Druck: Wagner GmbH, Nördlingen
Printed in Germany

1949 · · ·

Auf Wiesen grün
Viel Blumen blühn
Die blauen den Kleinen
Die gelben den Schweinen
Der Liebsten die roten
Die weißen den Toten

LACH NIT ES SEI DANN EIN STADT UNTERGANGEN
(Grobianus)
ICH WILL EIN DEUTSCHER SEIN
(Eintragung im Schulheft eines elfjährigen jüdischen Jungen
im Warschauer Ghetto)
DER TERROR VON DEM ICH SCHREIBE KOMMT NICHT
AUS DEUTSCHLAND ES IST EIN TERROR DER SEELE
(Edgar Allan Poe)
DER TERROR VON DEM ICH SCHREIBE KOMMT AUS
DEUTSCHLAND

UND ZWISCHEN ABC UND EINMALEINS
Wir pißten pfeifend an die Schulhauswand
Die Lehrer hinter vorgehaltner Hand
HABT IHR KEIN SCHAMGEFÜHL Wir hatten keins.

Als Abend wurd wir stiegen auf den Baum
Von dem sie früh den Toten schnitten. Leer
Stand nun sein Baum. Wir sagten: DAS WAR DER.
WO SIND DIE ANDERN? ZWISCHEN AST UND ERD
                                    IST RAUM.

WOHIN?

Dein Vater sollt marschieren.
Dein Vater ist marschiert.
Dein Vater – er ließ sich führen.
Sie haben ihn geführt.

Und heut sollst du marschieren.
Dein Vater – der ist marschiert.
Weißt du, wohin sie dich führen?!
Ihn haben sie sterben geführt.

BERICHT VOM ANFANG

1

Vom Pfennig lebend haben sie gekämpft
wie um ihr Leben um den Pfennig. So
hat sies gelehrt die Welt, in der für sie nur
Platz war ganz unten.
                    Als die Spitze abbrach
viel noch erschlagend ringsum, Trümmer streuend auf die
nicht Mitgefallnen, kam was unten war
nach oben stolpernd übern Trümmerberg langsam.

2

Zwar war der Pfennig nun gemeinsam, aber
was für ein karger Pfennig! Zwar das Brot
gehörte allen, aber sättigte keinen.

3

Das hieß: Kampf für den Pfennig anstatt um ihn.
Ein Heutewenig für ein Morgenviel.

4

Zwar war das Ziel erreicht. Doch zugeschüttet
vom Trümmerberg. Und Stein bleibt Stein, schwer zu
                                        bewegen.

5

Da waren die Geduldigen ungeduldig.
Da waren nach durchwachter Nacht früh müde
die Unermüdlichen ...
Die lange kämpften sahn den Sieg nicht
vor Schweiß der brannte wie die Träne vorher.
Die Überlebenden aus großen Kriegen
um den Platz am Tisch, Frieden und Schuhwerk

den Sieg in Händen, aber noch nicht in der Tasche
fanden, was da zu tun war, schwierig.

6
Zwar sprach da eine Stimme von vorn her
zu ihnen: ihr Geduldigen, habt Geduld!
Ihr Unermüdlichen, seid unermüdlich!
Kämpft weiter, ihr Siegreichen ...
                          Zwar sie gingen
den Weg, bezeichnet von der Stimme, denn
da war kein besserer, aber sie wußten
Nicht, daß da ihre eigne Stimme sprach.

7
Doch waren ihre Hände klüger als
ihr Kopf war, und sie taten was zu tun blieb.
Den Baustein schmähend bauten sie die Häuser
den Schritt verfluchend gingen sie den Weg
sehend die Wolke, nicht den Himmel drüber
und nicht die Straße, nur der Straße Staub.

8
Noch als das Haus schon stand, gebaut für sie
von ihnen, wußten sie nicht, was da
gebaut war. In die Türe tretend noch
blickten sie hinter sich, fragend: warum
verjagt uns keiner? Es gehört wohl keinem?

9
Die in der Kunst des Nehmens nicht
Geübten nahmen da das ihre in
Besitz nur zögernd. Die solang Bestohlnen
verdächtigten sich da des Diebstahls selber.

Immer vor ihnen aber war die Stimme
die sprach zu ihnen: Es genügt nicht! Bleibt
nicht stehn! Wer stehn bleibt fällt! Geht weiter! So
im Immerweitergehn folgend der Stimme
wurde das Schwierige einfach
wurde das Unerreichbare erreicht.
Und überm Immerweitergehn erkannten
sie: die da sprach war ihre eigene Stimme.

BILDER

Bilder bedeuten alles im Anfang. Sind haltbar. Geräumig.
Aber die Träume gerinnen, werden Gestalt und
                              Enttäuschung.
Schon den Himmel hält kein Bild mehr. Die Wolke, vom
                              Flugzeug
Aus: ein Dampf der die Sicht nimmt. Der Kranich nur noch
                              ein Vogel.
Der Kommunismus sogar, das Endbild, das immer erfrischte
Weil mit Blut gewaschen wieder und wieder, der Alltag
Zahlt ihn aus mit kleiner Münze, unglänzend, von
                              Schweiß blind
Trümmer die großen Gedichte, wie Leiber, lange geliebt und
Nicht mehr gebraucht jetzt, am Weg der vielbrauchenden
                              endlichen Gattung
Zwischen den Zeilen Gejammer

          auf Knochen der Steinträger glücklich

Denn das Schöne bedeutet das mögliche Ende der Schrecken.

PHILOKTET 1950

Philoktet, in Händen das Schießzeug des Herakles, krank mit
Aussatz ausgesetzt auf Lemnos, das ohne ihn leer war
Von den Fürsten mit wenig Mundvorrat, zeigte da keinen
Stolz, sondern schrie, bis das Schiff schwand, von seinem Schrei
                                          nicht gehalten.
Und gewöhnte sich ein, Beherrscher des Eilands, sein
                              Knecht auch
An es gekettet mit Ketten umgebender Meerflut, von Grünzeug
Lebend und Getier, jagbarem, auskömmlich zehn Jahr lang.
Aber im zehnten vergeblichen Kriegsjahr entsannen die Fürsten
Des Verlassenen sich. Wie den Bogen er führte, den weithin
Tödlichen. Schiffe schickten sie, heimzuholen den Helden
Daß er mit Ruhm sie bedecke. Doch zeigte sich der da von seiner
Stolzesten Seite. Gewaltsam mußten sie schleppen an Bord ihn
Seinem Stolz zu genügen. So holte er nach das Versäumte.

GESCHICHTEN VON HOMER

1

Häufig redeten und ausgiebig mit dem Homer die
Schüler, deutend sein Werk, ihn fragend um richtige
                                        Deutung.
Denn es liebte der Alte immer sich neu zu entdecken
Und gepriesen geizte nicht mit Wein und Gebratnem.
Kam die Rede, beim Gastmahl, Fleisch und Wein, auf
                                        Thersites
Den Geschmähten, den Schwätzer, der aufstand in der
                                        Versammlung
Nutzte klug der Großen Streit um das größere Beutstück
Sprach: Sehet an den Völkerhirten, der seine Schafe
Schert und hinmacht wie immer ein Hirt, und zeigte die
                                        blutigen
Leeren Händ der Söldner als leer und blutig den Söldnern.
Da nun fragten die Schüler: Wie ist das mit diesem Thersites
Meister? Du gibst ihm die richtigen Worte, dann gibst du
                                        mit eignen
Worten ihm unrecht. Schwierig scheint das uns zu begreifen.
Warum tatst dus? Sagte Homer: Zu Gefallen den Fürsten.
Fragten die Schüler: Wozu das? Der Alte: Aus Hunger. Nach
                                        Lorbeer?
Auch. Doch schätz er den gleich hoch wie auf dem Scheitel
                                        im Fleischtopf.

2

Unter den Schülern, heißt es, sei aber einer gewesen
Klug, ein großer Frager. Jede Antwort befragt er
Noch, zu finden die nicht mehr fragliche. Dieser nun fragte
Sitzend am Fluß mit dem Alten, noch einmal die Frage
                                        der andern.
Prüfend ansah den Jungen der Alte und sagte, ihn ansehnd

Heiter: Ein Pfeil ist die Wahrheit, giftig dem eiligen Schützen!
Schon den Bogen spannen ist viel. Der Pfeil bleibt ein Pfeil ja
Birgt wer im Schilf ihn. Die Wahrheit, gekleidet in Lüge, bleibt
                                                    Wahrheit.
Und der Bogen stirbt nicht mit dem Schützen. Sprachs und
                                        erhob sich.

GESPRÄCH MIT HORAZ

Silbenzähler beiläufig dein Vers unterm Schritt der
Kohorten

Die Kohorten wo sind sie Mein Vers geht ins zweite
Jahrtausend

HORAZ

1

Der Arrivierte mit dem Haß auf sein Startloch.
Unter Brutus ist er Demokrat
Tod dem Tyrannen und mir auch ein Landgut
Pazifist bei Philippi, er skandiert den Boden.
Dann lernt er seine Lektion (er auch), wechselt
Die Laufbahn. *Schwamm drüber Augustus.* Das Landgut
Schenkt Mäcen ihm für einen Platz in den Oden
Acht Spiegel im Schlafzimmer und kein Wort mehr von Brutus.
Er macht seinen Weg in die Chrestomathien
Aere perennius Liebling der Philologen.

2

Rom die Hure mit den sieben Brüsten.
Lob der Mäßigkeit, Mutter der Weltreiche
Aufgefressen von den wachsenden Kindern
Mit vollkommenen Versen, sonst wozu, braucht
Luxus. *Satt singt Horaz.* Den Lorbeer
Würzt das Fleisch. Kappadozisches Wildbret!
(Und die Baumblüte in den Albanerbergen!)
Dreiundzwanzig Dolchstöße, der zweite tödlich
In ein fallsüchtiges Fleisch, was sind sie
Gegen den Furz des Priap in der achten Satire.

ÜBER CHAMISSOS GEDICHT
»DIE ALTE WASCHFRAU«

Der Dichter staunt, wie die noch rüstig ist
Mit sechsundsiebzig. – Mensch, der Frau pressiert es!
Wenn die nicht Hemden wäscht, wer weiß, passiert es
Daß man sie zu bezahlen glatt vergißt.

Er sieht, sie schwitzt. Er lobt sie drum. Es treibt
Ihr Schweiß ja seine Mühle, und indessen
Sie Schwarzbrot kaut, kann er Pasteten fressen.
Sie lobend sorgt er, daß sie unten bleibt.

Er rät statt Wurst ein Sterbhemd früh zu kaufen
Den Waschfraun. Waschfraun werden, wie bekannt
Im Himmel prompt zu Cherubim ernannt.

Er sieht sie gern Gott nach ins Bethaus laufen.
Er ist der letzte, der den Trost ihr nimmt.
Wann wird sie zweifeln, daß die Botschaft stimmt?

Ein Mann ging sterben, nachts, im Kriege, der
zum Ende ging, im See bei seiner Stadt
aus Furcht vorm Frieden. Auf der Lagerstatt
sein Weib ward wach und sah, es fehlte: er.

Sie las: leb wohl. Es zitterte das Blatt.
Sie rannte, noch vor seinem Sterben her,
ans Wasser – diese Nacht wie sternenleer.
Er war noch sichtbar. Und das Wasser hatt'

ihn noch nicht ganz. Da ließ sie sich hinab.
Im Schwimmen rang sie, daß sie ihn behalte
mit dem, der so viel Nächte bei ihr schlief.

Da zog er sie zu teilen auch sein Grab.
Da stieß sie den schon Schwachen: er sank tief.
Sie stieg ans Land: es war nicht mehr das alte.

ANNA FLINT

Ich, Anna Flint, Frau eines kleinen Mannes
Auch viermal Mutter, habe, als die Zeit kam
Ihn in den Fluß geschickt, kalt ausgestrichen
Für unsere fünf Leben so sein eines.

Wer saubere Händ hat, hat auch leere, das
War seine Rechnung, besser schlecht
Als schlechtbezahlt! So, bis das Schießen aus war.

Da war die Rechnung falsch: leer zwei Hände
Zwei Hände blutig, und galt kein Abwaschen.

Als da der Mann den Weg zum Fluß nicht fand
War ich die, die dem Mann den zeigte, auch noch
Den Mantel ihm abnahm: wer kalt ist friert nicht ...
Ich, Anna Flint, Frau eines kleinen Mannes
Jetzt Witwe, viermal Mutter, einmal Mörderin.

MISSOURI 1951

Es wurde von den Staaten
Dem Staudamm Geld verwehrt.
Weil sie nichts gegen ihn taten
Hat sich der Fluß beschwert.

Er ist aufgestanden
Ihm schien der Damm zu alt.
Die Stadtbewohner fanden
Das Wasser kalt.

Die abgehauenen Wälder wachsen
Unter der Erde fort.
Dresden ein Brandfleck in Sachsen
Die Toten haben das letzte Wort.

HUNDERT SCHRITT
(nach Defoe)

Im Jahrhundert der Pest
Wohnte ein Mann zu Bow, nördlich London
Bootsführer, mittellos, ohne Ansehen, aber
Treu den Seinen. Umsichtig auch
In der Treue.
Aus den Städten unten
Wo die Pest war
Schleppte er das Essen aufwärts
Zu den Wohlhabenden Ängstlichen
Auf ihren Schiffen
In der Mitte des Stroms.
So nährte ihn die Seuche.
Aber in der Hütte
Bei der Frau mit dem Vierjährigen
War die Pest auch.
Und jeden Abend brachte er seinen Sack Lebensmittel
Frucht eines Tages, vom Fluß herauf an einen Stein, hundert
Schritt von der Hütte.
Dann, sich entfernend, rief er die Frau. Beobachtend
Wie sie den Sack aufhob, jede ihrer
Bewegungen aufmerksam verfolgend
Stand er noch eine Zeit
In der sicheren Entfernung
Und erwiderte ihren Gruß.

FRAGE UND ANTWORT

1 (japanisch)
Kamerad siehst du die Wolke überm Festland
Kommt Wind Kommt Schnee
Kamerad wo werden unsre Leiber liegen

Wo wir fallen Kamerad werden unsre Leiber liegen

2 (chinesisch)
Den Becher Reiswein vor dir und
Das Paradies Alter was willst du mehr
Ich wollt mein Becher füllte sich von selber
Ich hätte gern daß Freunde mich besuchten
Statt des Beamten der die Steuer eintreibt
Auch sähe ich gern meine Kinder wohlhabend
Dann wollte ich noch hundert Jahre leben
Und verzichten auf das Paradies

UMSCHAU VON FREMDEN HÜGELN
(nach Pu Sung Ling)

Besser hier sterben, fremd, als
Leben, wo immer die Steuer uns
Unten hält.
Der da nämlich den
Reis baut, ißt ihn nicht.
Wenn das Essen gekocht ist
Ist es nicht mehr dein.

Wann, Grosser Himmel, gibst du uns ein gutes Jahr, eine
Bessere Obrigkeit?

Kein Regen ein Jahr über! Zwei Fuss tief
War der Acker wie Staub wasserlos. Dann
Fiel über die Saat, als die reif war, Ungeziefer.
Den Rest nahm die Steuer weg.

Umschauend
Von den unheimischen Hügeln
Gegen den Himmel stehen wir
Hoffende. Aber
Von dem kommt uns wohl nichts.

Auf dem Weg in das Land mit
Reis das er nicht erreichen wird
Verkauft der Hungrige den Sohn
Um Wegzehrung

(nach Pu Sung Ling)

Der Kaiser braucht Soldaten, Vater.
Verstopf deine Ohren, Sohn
Damit du die Trommel nicht hören kannst
Und deck dich mit Mist bis über die Augen zu
Damit du nicht geblendet wirst vom Glanz der Waffen.

(nach Pu Sung Ling)

Ich war ein Held, mein Ruhm gewaltig
In meinen Bannern rauschten die vier Winde
Wenn meine Trommeln lärmten schwieg das Volk
Ich habe mein Leben vertan

(nach Po Chü I)

HEROISCHE LANDSCHAFT
VARIATION AUF EIN THEMA
VON MAO TSE TUNG

Der siebenfarbige Hügel
Gepflügt mit Kugeln mit Leichen bedeckt
Ist schön wie vor der Schlacht

In den Kriegen die kommen werden
Erbleichen wird der siebenfarbige Hügel

EPIGRAMME ÜBER LYRIK

Pegasus diente, der brave, redlich den Dichtern der Alten
Trug sie geflügelt hinweg über den irdischen Staub.
Heute, beschäftigt, die Erd uns angenehmer zu machen
Brauchen den Dichter wir irdisch und motorisiert.
Unsre Dichter aber, was tun sie, zerren den alten
Redlichen Gaul aus dem Stall, wo er Gnadenbrot fraß.
Vor den Gebrechlichen spannen sie den schnellfahrenden
                                        Traktor
Ihn, den lahmenden Gaul, hinter das schnelle Gefährt.
Und es kümmert sie nicht, ob er stolpert und bricht sich die
                                        Knochen
Geben des Alten Gestöhn aus für neuen Gesang.

Für J. K.
Hunden gilt der Pfahl der Laterne so viel wie die Birke.
Nicht so dem Dichter. Er hält sich an Birken allein.

Dürfen, das darf man, man muß es nur können, schrieb einer,
                                        der's konnte.
Können sie etwa nicht, weil sie nicht können, die Herrn?

ROMANZE

Früh unter dem Schlehdorn
Zwei Tropfen fielen auf dein Haar.
Und die waren von dem Regen übrig,
Der die Nacht gefallen war.

BALLADE

Die saubre Hand bleibt leer.
Das war seine Antwort.

Er war mein Mann. Meine Kinder, sagte er,
Müssen essen. Als er ging und sich verkaufte,
Sagte ich nicht ›bleib‹, sah ich nicht hin.

So, bis das Schießen aus war.
Da war die Rechnung falsch. Leer zwei Hände,
Zwei Hände blutig, und galt kein Abwaschen.

Er war mein Mann. Aber es schrien, als er
In den Fluß ging, um Brot meine Kinder.
Ich sagte ›bleib‹, aber ich sah nicht hin.

ZWEI BRIEFE

1

Ich seh dich an der Schreibmaschine schwitzend
Mißbrauchbare Verse herstellen
Über den Erstickungstod im Netzwerk
Notwendiger Gesetze. Die Maurer, schreibst du
Wurden als Mörtel gebraucht schon
Beim Bau der Großen Mauer, und immer noch
Werden Große Mauern gebaut. Nichts Neues
Unter der Sonne, schreibst du. Du schreibst nichts Neues.
Du hast gelernt, Antworten zu befragen.
Der Beifall, der dich taub macht, ist er keine?
Die schnellen Wirkungen sind nicht die neuen.
Eine Begegnung am Abend nach unserm Gespräch:
Zwei Republikaner auf dem Weg in die Betten
Diskutieren über Demokratie
GutdasistdieFormaberwoistderInhalt
Sie zählen die Jahre nach Gehaltsaufbesserungen
Die Monate nach dem Erscheinen des *Magazin*
Jeder ein Weiser nach Keuners Entwurf
Kein Gedanke, der nicht durch den Magen geht
Und keine Angst vor Pfützen wie bei Büchner
Kleine Köpfe, aber sie haben recht
Wenn sie, deine Verse lesend, sagen:
Was sagt uns dieser Jemand eigentlich?
Hat er die Rolle der Bodenreform nicht begriffen?

2

Was richtet ein Reim aus gegen die Strohköpfe
Fragst du. Nichts, sagen einige, andere: Wenig.
Shakespeare hat Hamlet geschrieben, ein Trauerspiel
Geschichte eines Mannes, der sein Wissen wegwarf
Sich beugend unter einen dummen Brauch.

34

Er hat die Dummheit nicht ausgerottet.
Wollte er nichts weiter schreiben als einen Steckbrief?
Hamlet der Däne Prinz und Wurmfraß stolpernd
Von Loch zu Loch aufs letzte Loch zu lustlos
Im Rücken das Gespenst das ihn gemacht hat
Grün wie Ophelias Fleisch im Wochenbett
Der Horizont die Rüstung dauert länger
Und knapp vorm dritten Hahnenschrei zerreißt
Ein Narr das Schellenkleid des Philosophen
Schlüpft ein beleibter Bluthund in den Panzer.
Oder der mißverstandene Bertolt Brecht
Mit großer Zähigkeit und etwas Hoffnung
Mehr als den Bogen spannen konnte auch er nicht
Wieviele Strohköpfe überlebten ihn.
Sein Leben lang suchte er eine Möglichkeit
Den Nächsten nicht zu töten. Gegen Ende
Hatte er sie von weitem gesehn
Halb verdeckt von einem blutigen Nebel.
Becher hat Schweiß vergossen beim Sonettbau
Für den Zusammenfluß von Wolga und Neckar
Werden die Jurabauern das *Sonettwerk*
Gelesen haben, wenn der Kommunismus
Ihnen den Boden von der Schulter nimmt?
Für uns ist die Spanne zwischen Nichts und Wenig.

MAJAKOWSKI

Majakowski, warum
Der bleierne Schlußpunkt?
Herzweh, Wladimir?
»Hat sich
Eine Dame
Ihm verschlossen
Oder
Einem andern
Aufgetan?«
Nehmt
Mein Bajonett
Aus den Zähnen
Genossen!
Blut, geronnen
zu Medaillenblech
Die Mauern stehn
Sprachlos und kalt
Im Winde
Klirren die Fahnen.

ODER BÜCHNER, der in Zürich starb
100 Jahre vor deiner Geburt
Alt 23, aus Mangel an Hoffnung.

BRECHT

Wirklich, er lebte in finsteren Zeiten.
Die Zeiten sind heller geworden.
Die Zeiten sind finstrer geworden.
Wenn die Helle sagt, ich bin die Finsternis
Hat sie die Wahrheit gesagt.
Wenn die Finsternis sagt, ich bin
Die Helle, lügt sie nicht.

LEKTION

In dem Buch des Verräters lese ich
Über die Treue der Kommunisten
In Karaganda.

OPER

Onassis, Erfinder der Totenschiffe
Die Callas, schönste Stimme des Jahrhunderts
Teilte sein Bett

L. E. ODER DAS LOCH IM STRUMPF

Luise Ermisch, Mitglied des Zentralkomitees der SED,
organisierte 1949 *die erste* »Brigade für ausgezeichnete
Qualität« in der volkseigenen Textilindustrie der
DDR.

Im Sommer im Jahr achtundvierzig fand
In einer Stadt in Mitteldeutschland
Ein Streit statt. Um drei Löcher in einem Strumpf
Stritten ein Mann, eine Frau. Und was die Frau sagte,
war Trumpf.
Platz: eine Strumpffabrik, vor wenig Wochen
Von Arbeitern Arbeitern zugesprochen
Die Tünche auf der Wand war frisch
In der Kantine. Um den kahlen Tisch
Sie saßen vor ihren Schüsseln, Männer und Fraun
Da war viel auszulöffeln, wenig zu kaun.
Sagte der Mann: Gegen Wasser mit Lauch
Streikte man früher. Fragte die Frau: Gegen Hitler auch?
Sagte der Mann: Es ist nicht nur das Essen.
Die Textilien nicht zu vergessen.
Und er zog den Schuh aus, dann den Strumpf
Schwang den, drei Löcher, als seinen Trumpf
Gestern gekauft, ein Fetzen heute
Da möcht ich wissen, warum ich arbeite.
Man hörts, man kratzt schweigend die Schüsseln leer
Die Frau, was kann sie sagen. Sie sagt: Zeig her.
Drei Löcher. – Ja, dem stopfst du nicht das Maul
Mit Maulaufreißen. Da ist etwas faul
In der Wirtschaft. – Ja, sagt die Frau, erraten.
Nur, Kollege, es hängt nicht am Faden.
Wirkfehler. – Und hält ihm den Strumpf
Unter die Nase, den dreilöchrigen Trumpf.
Ihr habts gehört. Wie stehts mit euren Strümpfen?
Ihr bessert nichts mit einem Naserümpfen.

DER VATER

1

Ein toter Vater wäre vielleicht
Ein besserer Vater gewesen. Am besten
Ist ein totgeborener Vater.
Immer neu wächst Gras über die Grenze.
Das Gras muß ausgerissen werden
Wieder und wieder das über die Grenze wächst.

2

Ich wünschte mein Vater wäre ein Hai gewesen
Der vierzig Walfänger zerrissen hätte
(Und ich hätte schwimmen gelernt in ihrem Blut)
Meine Mutter ein Blauwal mein Name Lautréamont
Gestorben in Paris
1871 unbekannt

ALTES GEDICHT

Nachts beim Schwimmen über den See der Augenblick
Der dich in Frage stellt Es gibt keinen andern mehr
Endlich die Wahrheit Daß du nur ein Zitat bist
Aus einem Buch das du nicht geschrieben hast
Dagegen kannst du lange anschreiben auf dein
Ausbleichendes Farbband Der Text schlägt durch

SELBSTBILDNIS ZWEI UHR NACHTS
AM 20. AUGUST 1959

An der Schreibmaschine sitzen. Blättern
In einem Kriminalroman. Am Ende
Wissen, was du jetzt schon weißt:
Der glattgesichtige Sekretär mit dem starken Bartwuchs
Ist der Mörder des Senators
Und die Liebe des jungen Sergeanten der Mordkommission
Zur Tochter des Admirals wird erwidert.
Aber du wirst keine Seite auslassen.
Manchmal beim Umblättern ein schneller Blick
Auf das leere Blatt in der Schreibmaschine.
Das wird uns also erspart bleiben. Wenigstens etwas.
In der Zeitung stand: irgendwo ist ein Dorf
Dem Erdboden gleich gemacht worden durch Bomben.
Das ist bedauerlich, aber was geht es dich an.
Der Sergeant ist gerade dabei den zweiten Mord zu verhindern
Obwohl die Admiralstochter ihm (zum erstenmal!)
Die Lippen hinhält, Dienst ist Dienst.
Du weißt nicht, wie viele tot sind, die Zeitung ist weg.
Nebenan träumt deine Frau von ihrer ersten Liebe.
Gestern hat sie versucht sich aufzuhängen. Morgen
Wird sie sich die Pulsadern aufschneiden oder wasweißich.
Wenigstens hat sie ein Ziel vor den Augen.
Das sie erreichen wird, so oder so
Und das Herz ist ein geräumiger Friedhof.
Die Geschichte der Fatima im *Neuen Deutschland*
War so schlecht geschrieben, daß du darüber gelacht hast.
Die Folter ist leichter zu lernen als die Beschreibung der Folter.
Der Mörder ist in die Falle gegangen
Der Sergeant schließt den Preis in die Arme.
Jetzt kannst du schlafen. Morgen ist wieder ein Tag.

ULYSS

Mit wenig Rudrern auf den salzgewohnten
Baum pflanzt ich meine Hoffnung müd des Festen
Das Meer neu pflügend mit vergehnder Furche
Mit seiner Weite meine Dauer maß ich.
Immer wieder spät früh der rötliche
Himmel mit den zwei drei letzten ersten
Wolken überm Gaswerk Kraftwerk Atommeiler
Seit Odysseus starb fünf Monatsreisen
Westlich von Gibraltar im Atlantik
Weit entfernt von Kranz und Flor, durch Brandung.
In der Hölle der Neugierigen brennt er
Dante hat ihn gesehn, mit andern Flammen.

MOTIV BEI A. S.

Debuisson auf Jamaika
Zwischen schwarzen Brüsten
In Paris Robespierre
Mit zerbrochenem Kinn.
Oder Jeanne d'Arc als der Engel ausblieb
Immer bleiben die Engel aus am Ende
FLEISCHBERG DANTON KANN DER STRASSE KEIN
                                    FLEISCH GEBEN
SEHT SEHT DOCH DAS FLEISCH AUF DER STRASSE
JAGD AUF DAS ROTWILD IN DEN GELBEN SCHUHN.
Christus. Der Teufel zeigt ihm die Reiche der Welt
WIRF DAS KREUZ AB UND ALLES IST DEIN.
In der Zeit des Verrats
Sind die Landschaften schön.

GEDANKEN ÜBER DIE SCHÖNHEIT DER LANDSCHAFT BEI EINER FAHRT ZUR GROSSBAUSTELLE »SCHWARZE PUMPE«

Wäldchen und Feldchen. Ochsen
Plagen sich vor dem Pflug. Bauern
Plagen sich hinter dem Pflug.

Nach einer Stunde
Der erste Traktor
Der Fahrer
Raucht Pfeife.

Ältere Dörfer
Schmalere Häuser
Kleinere Fenster.

Gegen mittag der Bauplatz, die neue
Schönere Landschaft
Schornsteine. Montagehallen. Stahl und Beton.
Erde, aufgerissen, Berge, versetzt mit Maschinen und
                                                    Händen.
Lärm und Staub.

Die Alten sammelten hier Reisig
Fünf mal hundert Jahre lang.
Hier werden die Brikettfabriken stehen in
Fünf Jahren und die neuen
Kraftwerke. Hier
Ist Schönheit.

DIE ROTEN

Der Pfaffe machte ein Gebimmel
Und zehn Gebote dazu
Und die paßten auf die Welt wie auf den linken
Fuß der rechte Schuh.

Der hatte 'ne Faust auf dem Auge
Dem wurden die Taschen geleert.
Wer sich's gefall'n läßt: selig!
Verdammt wer sich beschwert!
Gerechtigkeit den Toten
Und hört nicht auf die Roten.

Die Roten haben sich beschwert:
Verdammt, wer uns die Taschen leert!
Setzten die Faust auf das richtige Auge
Änderten die Welt, daß sie was tauge

Trockneten die Tränen
Mit Fünfjahrplänen.
Was nützt der Himmel den Toten?
Fragten die Roten.
Und sie bauten die bekannten
Roten Erdtrabanten.

Und sie haben neue Tafeln aufgestellt
Mit zehn Geboten zu bessern die bessere Welt.

DAN DEE

Eine Stadt war, hieß DAN DEE
Drinnen wohnten verschiedene Leute
Beteten und machten Beute
Bis ein Sänger kam der schrie:
Laßt mit des Gesanges Mächten
Einen ewigen Bund uns flechten
In Dan Dee
Und durch des Gesanges Macht
Wurden Brüder alle Bürger
Die Gewürgten und die Würger.
Leider nur für eine Nacht.
Denn mit des Gesanges Mächten
War kein ewiger Bund zu flechten
In Dan Dee
Als die Sonne in Dan Dee
Wieder Licht und Schatten reinlich
Schied, war die Nacht noch peinlich.
Jenen Sänger adelten/hängten sie.

ORPHEUS GEPFLÜGT

Orpheus der Sänger war ein Mann der nicht warten konnte. Nachdem er seine Frau verloren hatte, durch zu frühen Beischlaf nach dem Kindbett oder durch verbotnen Blick beim Aufstieg aus der Unterwelt nach ihrer Befreiung aus dem Tod durch seinen Gesang, so daß sie in den Staub zurückfiel bevor sie neu im Fleisch war, erfand er die Knabenliebe, die das Kindbett spart und dem Tod näher ist als die Liebe zu Weibern. Die Verschmähten jagten ihn: mit Waffen ihrer Leiber Ästen Steinen. Aber das Lied schont den Sänger: was er besungen hatte, konnte seine Haut nicht ritzen. Bauern, durch den Jagdlärm aufgeschreckt, rannten von ihren Pflügen weg, für die kein Platz gewesen war in seinem Lied. So war sein Platz unter den Pflügen.

DAS GLÜCK DER PRODUKTIVITÄT:
SOLDATENBRAUT
(nach Urs Graf)

Armloses Mädchen mit Stelzbein
Vor einer Seelandschaft, schwanger.
Billig: sie kann dir kein Geld aus der Hose ziehn
Bequem: sie kann dich nicht festhalten
ARMLOS IST HARMLOS. Nachlaufen
Kann sie dir auch nicht: wenn du gehst
Gehst du.
Vielleicht winkst du ihr noch einmal.
Schließlich hat sie noch Augen im Kopf (zwei).
Viertausend armlose Mädchen umarmen dich
Viertausend schwangere Mädchen mit Stelzbein
Marschieren auf deiner Spur

ER WAR DER ERSTE BESTE: wenn die andern
Das Land nach freigebigen Bauern abgrasten
Brach er mit altem Werkzeug und neuen Methoden
In der Tasche trockenes Brot, die Kohle.
Sie schlugen auf ihn ein, frierend. Sie standen
An langsam anlaufenden Schwungrädern
Beschimpften ihn und folgten seinem Beispiel.

NAPOLEON ZUM BEISPIEL weinte, als
Bei Wagram seine Garde ihren Fluchtweg
Über die eigenen Blessierten nahm
Und die Blessierten schrien VIVE L'EMPEREUR.
Das Denkmal war gerührt: sein Mörtel schrie.
An einem Sonntag nach der Arbeit fuhr
Er, LENIN, auf die Hasenjagd, gelenkt
Von seinem Fahrer, sonstige Begleitung
Keine. Das war sein Urlaub. In den Wald
Ging er allein. Nämlich der Fahrer mußte
Beim Auto bleiben, das war unersetzlich.
Lenin traf einen Bauern, der den Wald
Nach Pilzen abging. Seine Jagd fiel aus.
Der Alte schimpfte auf die Sowjetmacht
Im Dorf, Oben und Unten immer noch
Viel Reden, wenig Mehl. Die Pilze auch knapp.
Lachte, als Lenin die Beschwerden aufschrieb
Das Dorf, Namen und Fehler der Genossen.
Er hatte sich auch schon beschwert. Nicht zweimal.
Wer sind wir. Wenn du Lenin wärst zum Beispiel
Und Lenin wär ein Mann wie du der zuhört
Man könnte glauben daß es anders wird
Aber du bist nicht Lenin und so bleibt es.

DER GLÜCKLOSE ENGEL. Hinter ihm schwemmt Vergangenheit an, schüttet Geröll auf Flügel und Schultern, mit Lärm wie von begrabnen Trommeln, während vor ihm sich die Zukunft staut, seine Augen eindrückt, die Augäpfel sprengt wie ein Stern, das Wort umdreht zum tönenden Knebel, ihn würgt mit seinem Atem. Eine Zeit lang sieht man noch sein Flügelschlagen, hört in das Rauschen die Steinschläge vor über hinter ihm niedergehn, lauter je heftiger die vergebliche Bewegung, vereinzelt, wenn sie langsamer wird. Dann schließt sich über ihm der Augenblick: auf dem schnell verschütteten Stehplatz kommt der glücklose Engel zur Ruhe, wartend auf Geschichte in der Versteinerung von Flug Blick Atem. Bis das erneute Rauschen mächtiger Flügelschläge sich in Wellen durch den Stein fortpflanzt und seinen Flug anzeigt.

1949 ... aus dem Nachlaß

KULTURFAHRT NACH CHEMNITZ
(Blume von Hawai)

Wir müssen für die Kultur
Mal was tun,
Dachten wir.
Was nun?
Bei uns war nichts los.
Was machen wir bloß?

Dann ging einer Fahrkarten kaufen.
(Bis zum Bahnhof mußten wir laufen.)

Wir wollten, in Chemnitz, Blumen pflücken –
Und zwar die Blume von Hawai.

Nichts gegen die Operette!
Aber wenn die Soubrette
bloß keine Zahnlücke hätte.

Das Geschrei (Verzeihung: Gesang!) war noch auszuhalten.
Aber die wo sangen – die Gestalten.
Sie waren entweder unterernährt
Oder zu dick.
Schick
War nur die Bemalung

Hinter uns wurden Butterbrote verzehrt,
Scheinbar gut belegt.

KINDERLIED

für Regine

Die Kält kommt bitterlich.

Das Bäumchen, es ist klein.
Du mußt ihm freundlich sein.

Wenn Kält kommt braucht es dich.
Halt dich für es bereit.

Daß es kein Wind umweht
Daß es kein Schnee einschneit

Daß es im Sommer steht
Die Frücht' für dich bereit.

DEUTSCHES WIEGENLIED

Kind gib Ruh!
Die Äuglein mach zu!
Der Nachbar hängt am Baum
Du kriegst die Pflaum.

RÄTSEL

Zwei Beine hat mein Vater
Das eine ist aus Holz.
Er hats vom Krieg. Nun ratet:
Auf welches ist er stolz?

RÄTSEL

Dein Bauch ist ein voller Bauch
Meiner ist ein leerer.
Leerer oder voller Bauch –
Welcher wiegt wohl schwerer?

FRAGE

Warum sterben die kleinen Leute?
Was haben die großen getan?

DAS MÄDCHEN AM BRUNNEN
(nach einem deutschen Volkslied)

Ein Mädchen Wasser holen ging
Nur ein dünn Hemdlein trug das Ding.
Hindurch schien ihm die Sonne
Früh an dem kühlen Brunnen.

Ich sah sie neu nach Wasser gehn –
Und hatt von ihr schon mehr gesehn
Im Mond am kühlen Brunnen
Als je bei Tag die Sonne.

AUFBAULIEDER
FÜR KINDER

Bitten der Kinder
an die Bauleute

Wenn ihr die Häuser baut
an den neuen Straßen
laßt uns auch einen Fleck
weit, mit grünem Rasen!

Auch sehr viel Sand muß da –
nicht zu überschauen –
auf unserem Spielplatz sein
daß wir lernen bauen.

Dann, zwischen Gras und Blau
wollen wir uns schwingen
auf einer Schaukel, hoch
über allen Dingen.

BREMER KINDERLIED 1952

Wer noch ein Gesicht hat
Sieht ihre Armeen.
Wers nicht verlieren will
Läßt es nicht beim Sehen!

OBDACHLOSEN-LIEDER

1

Hab noch keinen sitzen lassen.
Mich will keiner sitzen lassen.

Ziehen mir den Stuhl fort unterm Hintern.
Unterm Himmel muß ich überwintern.

Hätt ich manchmal manchen sitzen lassen
müßten sie mich, denk ich, sitzen lassen.

Ziehn sie mir den Stuhl fort unterm Hintern
muß ich unterm Himmel überwintern.

2

Auf den Straßen liegen wir
in dem Wind, dem kühlen.
Weil wir liegen bleiben hier
sitzen sie auf Stühlen.

KINDERLIED VOM TOTEN MANN
IM DICKEN NEBEL

Alle habt ihr ihn gesehn
ihr im Schutz der Dächer
steif im dicken Nebel stehn
vorn im Kopf zwei Löcher.

Alle wißt ihr, was geschah:
er ist nicht nur einer,
sondern steht für viele da.
Helfen kann ihm keiner.

Schau nicht hin und halt dich grad
's kann das Leben kosten.
Denn der ihn erschlagen hat
hat ein' hohen Posten.

TRAKTORISTENLIED

MEIN BRUDER SASS IN EINEM TANK
Der fuhr nach Stalingrad.
Er ist verbrannt in dem Tank, den
Er gefahren hat.

AUF EINEM TRAKTOR SITZE ICH
Der kommt aus Stalingrad.
Ich pflüg das Feld mit dem Traktor
Für die Frühjahrssaat.

DER ROTE PAPAGEI
(nach Po Chü I)

Aus Annam wurde mir ein Geschenk gebracht
Rot wie die Pfirsichblüte, redend
In menschlicher Zunge. Wie den Weisen
immer, den beredsamen
Hatten sie ihn eingesperrt
In einen Käfig mit starken Stäben.

DIE BAUERN WERDEN ZUM GERICHT
ABTRANSPORTIERT
(nach Pu Sung Ling)

Im Topf haben wir
keinen Reis. Der
Hunger hat uns. Wie
die Steuer zahlen nichts
besitzend?

Die Beamten sind bestechlich.
Sie bereichernd sparten wir
die Steuer.

Wir wissen nicht, wieviel Schläge uns
zugedacht hat der
Hohe Gerichtshof.

Es wissen nämlich die Herrschenden: der
Blutende sieht nicht mehr das Unrecht.

Nicht immer aber
bleibt der blind. Eher den Schlag vergißt
als den Schläger der Geschlagene. So
sitzen unsicher die Furchtbaren auch furchtsam
im Schatten der Messer.

DIE BAUMBESCHNEIDUNG
(nach Chin Po)

Vor meinem Fenster stehen Bäume, hindernd
Den Ausblick auf die grünen Berge. Also
Nahm ich Axt und Messer eines Morgens und
Stutzte das Blattwerk. Zehntausend Blätter
Fielen. Tausend Berge erhoben sich
Vor meinem Blick. So ist es:
Das Gute wird nicht erreicht durch
Güte ... Wohl liebte ich
das Grün der Bäume, aber der Berge Grün
Liebte ich mehr.

FERKELSCHLACHTUNG
(nach Pu Sung Ling)

Wenn die Hochweise Regierung
Unsre Frühjahrssaat besichtigt
Schlachten wir die kleinen Ferkel.
Die Sehr Würdigen Beamten
Sättigt nicht der halbe Saustall.
Sind die Ferkel aufgegessen
Wird die Steuer erhöht.

HERR DSCHU
VERTEIDIGT SEIN EIGENTUM

Herr Dschu wollte zimmern eine Hütte
Da fand er seine Axt nicht mehr.
Da sah er Herrn Dschin an und dachte:
Wer hat sie gestohlen? Der.

Und er hörte auf zu suchen
Sah Herrn Dschin an früh und spät.
Dachte: Sein Gesicht ist eines Axtdiebs
Er geht wie ein Axtdieb geht.

Dann fand er seine Axt da wieder.

Wo er sie liegen ließ:
Da faßte er sie fest und sagte
Zu sich selber dies:

Dschins Gesicht ist eines Axtdiebs
Dschin geht wie ein Axtdieb geht!
Bruder Dschu, ist dir deine Axt lieb
Wisse, daß sie auf dem Spiele steht!

Und beschloß das Spiel zu gewinnen
Und zögerte nicht und ging hin
Mit der Axt und schlug mit der Axt den
Schädel ein Herrn Dschin.

HERR DSCHU UND SEINE AFFEN

Sieben Affen hatte Herr Dschu
Und fütterte sie zweimal täglich.
Wenn sie fraßen, sah er zu:
Der Hunger war unsäglich.

Dann war da eine Teuerung.
Und das hieß: Hunger, gib Ruh!
Da schrien die Sieben nach Fütterung
Da sprach zu ihnen Herr Dschu.

»Wisset Brüder, die Zeit ist trist
Und das Futter ziemlich rar.
Daß man gleichwohl hungrig ist
Ist natürlich klar.

Schwer, für acht Esser zu sorgen!
Doch ich garantiere für
Drei Bund Heu am Morgen
Und am Abend vier.

Mehr kann ich nicht schaffen.
Habt ihr genug daran?«
»Nein«, sagten die sieben Affen
Und sahen ihn hungrig an.

»Nun«, sagte Herr Dschu, »ihr sollt leben!«
(Er zitterte dabei)
»Ich will euch vier Bund geben
Morgens, und abends drei.

Mehr kann ich nicht schaffen.
Wirds euch genügen so?«
»Ja«, sagten die sieben Affen
Und waren zufrieden und froh.

HERR DSCHIN UND DIE GÖTTER

Herr Dschu hatte auch einen verdorrten Baum
In seinem Garten, der trug keine Früchte mehr.
Das sagte ihm Herr Dschin über den Zaun
Es würde gut sein den Baum abzuhaun
Weil ein verdorrter unglückbringend wär.

Da haute Herr Dschu ab den verdorrten Baum
Denn er fürchtete die Götter sehr.
Da kam zu ihm Herr Dschin über den Zaun
Und bat, den Baum ihm anzuvertraun:
Er hätte kein Brennholz mehr.

LIED VOM HOANG-HO

Siebentausendmal –
Herz, ach werde Stein! –
Brach der Große Kummer
Über sie herein.

Heute bauen sie den Staudamm,
Schleppen Steine her:
Ach den großen Fluß besiegen,
Das ist schwer!

Siebentausendmal
Vor dem Flusse her
Schleppten sie das ihre
Keiner trug da schwer.

Heute bauen sie den Staudamm,
Schleppen Steine her:
Die wir schleppen ach die Steine
Die sind schwer!

Siebentausendmal
Trank der Fluß ihr Brot.
Rannten schnellen Fußes
In den Hungertod.

Heute bauen sie den Staudamm,
Gehen langsam her
Wer viel trägt, muß langsam gehen.
Das ist schwer!

Siebentausendmal,
Selber ohne Dach
Bauten sie Paläste
Für die Herren ach!

Heute bauen sie den Staudamm
Schleppen Steine her:
Die wir schleppen hoch die Steine
Sind nicht schwer!

Siebentausendmal
Stiefeltritt und Schlag
Bis die Knuten brachen,
Und es kam der Tag.

Heute bauen sie den Staudamm
Schleppen Steine her:
Ho, den großen Fluß besiegen
ist nicht schwer!

DREI VOLKSLIEDER

Ich liege auf dem Kissen am Nordfenster.
Komm und spiel mit mir!
Doch sei klug! Lerne die Spiele der Liebenden!
Bliebe der Himmel sich gleich, würdest du seiner nicht müde?

Ich lege mein Gewand an, binde aber den Gürtel nicht.
Mit getuschten Brauen trete ich an das offene Fenster.
Wenn die Seide sich bewegt, ist sie weniger lästig.
Wenn sie sich öffnet, sage ich: es ist der Wind.

Als mein Geliebter fortritt nach Yang-chow
Konnte ich ihn nur begleiten bis zum Berge Chu.
Als er mich umarmte zum Abschied
Dachte ich, der Fluß höre auf zu fließen.

Heute früh zur Jagd ritt Shu.
Kein Mann ist mehr in unserer Gasse.
Ja, viele Männer sind in unserer Gasse.
Aber keiner ist wie Shu.

Auf die Keilerjagd ritt Shu.
Kein Mann trinkt Wein in unserer Gasse.
Ja, viele Männer trinken Wein in unserer Gasse
Aber keiner trinkt wie Shu.

In den wilden Wald ritt Shu.
Kein Mann reitet durch unsere Gasse.
Ja, viele Männer reiten durch unsere Gasse.
Aber keiner reitet wie Shu.

BUNTSCHUK I
(nach Scholochow)

Leg den Revolver weg. Deine Frau
Wartet mit allem, was du liebst. Drei Bauern
Hast du heute erschossen, Feinde mit
Händen schwielig von Schwerarbeit. In
Unwissenheit gehalten von deinem und ihrem
Todfeind haben sie für Brot die Schienen
Aufgerissen vor dem Panzerzug.
WENN IHR KEINEN MEHR TÖTEN MÜSST; EHRT AUCH
DIE EURESGLEICHEN TÖTETEN FÜR EUCH.
Leg den Revolver weg. Deine Frau
Wartet mit allem, was du liebst. Warum
Versagt dein Fleisch? Du hast nicht versagt.

BUNTSCHUK II
(nach Scholochow)

Das ist die Grube. Noch ein Kolbenstoß
Er fällt. Nur die Steine stehn auf ihn zu halten.
Er sieht den Himmel taumeln, sonnenlos
Von Feuerstößen riesig aufgespalten
Über dem langsam drehenden Stern
Der ihn getragen hat und den er trug
Soldat und Bajonett der KOMINTERN
Bald wird er Erde sein, geteilt vom Pflug.

MAUSER

Hackfleisch war ich für Säbel, Schießscheib, bin
Marschiert, zerfetzten Schuhwerks, ohne Schuh
Durch Sumpf und Schneewehn. Löchriger Schlaf auf Stein.
Zwischen Schlachten. Getrommel unterm Schädeldach.
Blut am Schädeldach.

DER UND JENER

Er hatte sich eingerichtet
Im Rücken der Deputierten
mit eigenen Gesetztafeln.

Er ist tot. –
Die Tafeln sind gelöscht/zerbrochen.

Unser Land ist reich
An kleinen Einrichtungen
Mit eignen Gesetzen
nach seinem Vorbild.

Der und jener ereifert sich
Mit Schaum vor dem Mund
Gegen den Toten aus Gori.

Was steckt unter dem Schaum?
Vielleicht ein Schäfchen
im Trocknen?

BRUCHSTEDT

Klage der Bauern

I

1
Wind und Wasser nahmen
unsre Häuser fort.
Trümmer ohne Namen.
Bruchstedt hieß der Ort.

2
Als die Wasser stiegen
starb im Stall das Vieh.
Mußt' es bleiben liegen
sterbend vor der Früh.

3
Gestern Gottesgabe –
heute Menschennot!
Ach, für unsre Habe
haben wir kein Boot!

4
Bauer, sieh den blassen
Mond am Giebel stehn!
Mußt ihn stehen lassen
mußt ins Elend gehn.

5
Hat uns Gott geschlagen –
Gott schlägt den und den –
Herr, so hilf auch tragen
daß wirs überstehn!

6
Wasser groß und brausend
überm Acker ach!
Wasser groß und brausend!
Und der Mensch ist schwach.

II

1
Die am Boden liegen
Bauern, stehet auf!
Zu den Vogelflügen
Bauern, sehet auf!

2
Eh sie wiederkehren
setzet Stein auf Stein!
Wenn sie wiederkehren
steht auch Stein auf Stein!

3
Die am Boden liegen
Bauern, stehet auf!
Zu den Vogelflügen
Bauern, sehet auf ...

DIE BEFREITEN

1
Sie häuften Steine auf uns, aber stärkten
uns unsre Schultern nicht, daß wirs leicht trügen.
Von unsrem Stöhnen hieß es: alles Lügen!
Es hieß da, billig sein auf ihren Märkten

2
Sei sehr verdienstvoll, und sie würdens lohnen
dereinst. Und wir beschlossen, angesichts
der Mündung der Kanonen, des Gewichts
nichtachtend, uns beim Bücken nicht zu schonen.

3
Denn tragend wurden wir schnell stärker als
der Steinkranz, der so hart auf uns gelegt war.
Und weil, was wir da trugen, unbewegt war
außer durch Hände, und es uns am Hals

4
Schon eng war, rührten wirs mit Händen an.
Und seht es fiel da ab von uns wie Staub leicht
schwer auf die andren nur, die heut der Tau bleicht.
Da heißt es: man muß wissen, was man kann.

5
Manchmal ertappen wir uns noch beim Bücken
vor einem Stuhl, der da schon nicht mehr steht.
Zwar hat die Steine Staub längst zugeweht
aber ihr Schatten krümmt uns noch die Rücken.

DIE FAHNE

1

Von ihnen, die den Weg antreten, sehn
Das Ziel nur wenige. Die es erreichen
Sind viele, aber andere.

2

Er, der den Stiefel im Gesicht hat, sieht
Das Morgenrot kaum mehr. Die Fahne hält
Schwer aufrecht der am Boden Liegende ...

3

Aber es hat die Klasse mehr Gesichter
Als Stiefel auf der Welt sind und
Das Blut in dem Gesicht des Fallenden
Macht die rote Fahne nur sichtbarer!

Einsam
Wie ein Frachter ohne Frachten.
Ich: ein Segel ohne Wind.

Eine Blume hob ich auf.
Eine Blume hob mich auf.

VON DEN WÄLDERN

1

Des Morgens müßt ihr auch auf eure Wälder schauen
die grünenden: es scheint die Sonne drauf.
Bis in die höchsten Wipfel schaut hinauf
ob Wind weht. In den Himmel auch, den blauen.

2

Vergesset auch den kahlen Baum da nicht zu loben:
er hat kein Blattwerk mehr, doch übers Jahr
ist er voll Blattwerks wieder wie ers war.
Auch weht der Wind in seinem Wipfel oben.

3

So sehet hin. Habt ihr sie lang genug besehen
die Wälder wie das Land, das euch sie gibt –
vielleicht geschieht es dann, daß ihr es liebt.
Solang ihrs liebt, kann es euch nicht vergehen.

BERLINER ELEGIEN

Die Wälder sind gefällt, die dampfenden
Unter dem Vogelflug. Über den Städten
Der Himmel ist nicht heller. Ihn
Befliegen schwarz tödliche Schwärme.
Die Wälder fielen unterm Beil. Stahl
Fällt die Städte. In den Söhnen
Der Holzfäller wächst der Wald.

Osthafen. Vier Uhr früh. Vom Baugerüst
Fällt Licht auf Trümmer. Zwei stehen in der Straße
Und sind ein Schatten vor geborstener Wand.
Ich geh vorbei. Sie küssen sich. Noch lange
Im Weitergehn mich umschaund seh ich sie
So zwischen Trümmerwand und Baugerüst.

Ich gehe durch den Park, mit Versen beschäftigt
Gegen die Unsitte traurige Lieder zu singen.
Mond scheint.
Ein junger Mann auf einer Bank. Ich höre ihn
Ein trauriges Lied singen mit schallender Stimme.

Die Straße überquerend höre ich
Hell in dem Lärm von vielerlei Fahrzeug, ein Pfeifen.
Ein älterer Mann steht am Straßenrand
Zwischen den Lippen ein Holunderblatt.
Er pfeift.
Ich tippe mit dem Finger an die Stirn im Vorbeigehen.
Er, freundlich
Nickt mir zu.

REUTLINGER ELEGIEN

1

Wir bringen keine Fliege um, weil das Flecken auf der Tapete
macht.
Wir ziehn den Hut vor jedem, der uns in den Hintern tritt.
Außer er ist barfuß.
Abends kaufen wir uns Kinokarten:

Rote Lippen. Blaue Bohnen.
Erster Platz eine Mark, Loge zwei.
Wo die Bolschwisten thronen
Ist der Mensch nicht halb so frei.

2

Wir haben ›Werthers Leiden‹ nicht gelesen.
Was ist uns Goethe, ein Mann, nicht schneller als ein
Postpferd!
Oder Kant zum Beispiel – wenn er uns auf der Straße
begegnete,
was wäre er nach der Begegnung, widerlegt vom Anprall
unserer schnellen Fahrzeuge?

Schneller als Gedanken bewegen sich unsre Fahrzeuge.
(Wir sagen: Tote müssen für sich selbst aufkommen.)

Auf einen Parkplatz zu, im Angstraum eines Messerwerfers,
umstellt von bewaffneten Fußgängern, brüllend
ABSTEIGEN.

Zwischen zwei zerschossene Wänd
Verbrannten die
Sich kleingemacht hatten
Daß kein Feuer sie fänd.

In ein Lichtspielhaus mein Vater ging
Als der Krieg anfing.
Mein Vater, der mußte hinaus. –
Meine Mutter fiel in einem Lichtspielhaus.

DAS PFERD HAT KEIN GEWEHR

Achter August. Die Hundstagsonne
Heizt das Kopfsteinpflaster. Gegen Zwölf
Hufschlag. Stein dröhnt.
»Wer reitet?« »Ein Pferd, allein?«
Fußgängerflucht. Ein Held:
Spazierstock gegen Pferdehufe!
Hinter den Scheiben stehen
Münder offen: »Ein Pferd. Ja.
Durchgegangen.
Wie?«
Ein Pferd stirbt
Auf dem Kopfsteinpflaster.
»Was hat ihm gefehlt?«
»Ein Gewehr.«
(Gelächter)

Vor dem Schlachthof stehend hörte ich die Rinder
Die großäugigen, aufbrüllen unter dem Beilhieb laut.
Und ich hatte eine Träne für die Rinder
Stehend vor dem Schlachthof in Schuhn aus Rinderhaut.

Daß den gewählten Schlächtern nichts mißläng
Sind sie marschiert jahrlang, blutig und blind.
Jetzt, jener Schinder ledig, prüft man streng
Ob in der Suppe nicht ein Haar sich find.

Ein Lump, wer die Geliebte sitzenläßt
Bloß weil die Läuse hat. Tat ichs? Ich tats.
Manch Haar fand ich, Hungriger, in der Suppe.
»Tritt in die Küche, Esser!« Tat ichs? Nein.

ÜBER DAS TABU DER VIRGINITÄT

Um dieses Häutchen, hindernd das Vergnügen
Welch Aufgebot an Tugend, welch Geschrei!
Die nicht im Ehbett es verlor, kommt nicht zu liegen
Ins Ehbett. Außer es liegt Geld dabei.

Doch heißt es auch: was hat ein Bein getan
An dem nicht probweis schon gnug Stiefel staken
Mann ist nicht Mann, brich er nicht selber Bahn!
(Seid ohne Furcht! Gefahr läuft nur das Laken.)

So bringt ein Mann, an Weibern sich beweisend
Mindernd mit Fleiß der Unerprobten Zahl
Sich um den Preis am End: die Unerprobte.

Was macht den dumm, daß er nicht weiß, es lobte
Mehr als der Koch der Esser stets das Mahl
Umsoviel mehr als Essen seliger ist denn Kochen?!

EINUNDDREISSIG

Sie stehn nicht wie Rekruten, parallel
Sie wuchsen, was mir besser paßt, verquer.
Sie waren weiß einst. Das ist lange her.
Doch wenns ans Beißen geht, sind sie zur Stell.

Sie sind mir mehr als dreißig goldne wert
Die einunddreißig. (Schad, daß einer fehlt.
Der faulte vor der Zeit – O Ruhm der Welt!)
Ich hoff, ein Dutzend geht mit mir zur Erd.

Das reicht für eine Himmelfahrt. Denn sie
Sind stark, die Zähne, die ich da im Maul hab
Verläßlich und versagten sich mir nie.

Doch bleibt zu wünschen (fast hätt ichs vergessen)
Wozu mir keiner seine Schärf noch lieh
Ein letztes mir: O könnt ich Eisen fressen!

ERSTER VERBESSERUNGSVORSCHLAG

Es herrscht Mangel an Papier sowie
An Flächen (Mauern, Hauswänden, Bretterzäunen etc.)
Welche behängt werden können
Mit Transparenten.

Man sollte
Ein Verfahren entwickeln, welches ermöglicht
Das Laub der Bäume zu beschriften, Blatt für Blatt, weithin
                                        sichtbar
Mit den bekannten Losungen.
Etwa: Ich wachse zu Ehren des 31. Februar, vorfristig.
Die bekannten Losungen
Würden bekannter
Das Verhältnis der Massen zum Baum
Würde vertieft. Die Nadelwälder
Könnten abgeholzt werden als überflüssig
Und verwendet zur Herstellung
Von Papier.

ZWEITER VERBESSERUNGSVORSCHLAG

Die Qualen der Leute, denen ein Loch gebohrt wird
In Zahn oder Kiefer, könnten gelindert werden, wenn
In die Bohrmaschinen der Zahnärzte eine Apparatur
                                    eingebaut würde
Welche den Gepeinigten
Neues Liedgut zu Gehör bringt
Zum Beispiel: Tapfer lacht die junge Garde
Oder
Fritz der Traktorist.

FRÜHLINGSLIED IM WINTER

Im Winter sollst du keinen Hut aufhaben.
Fällt Schnee, spürst du auch kaum ihn, der ins Haar
Dir fällt ohn' Aufhörn langsam und wird Wasser
Auf deiner Haut und wird was er war

So spürst du doch an ihm, daß es ihn gibt und
Wie er sehr flüchtig ist und muß verziehn.
Er wird schon Wasser, wenn du ihn gespürt hast.
Aber für eine Weile spürst du ihn.

Im Schatten
Der Klassenschlachten ruhn die Liebenden.
Das Licht, sie sehns, die Augen schließend in der
Umarmung. Wenn sie von den Betten aufstehn
Gehts ihnen aus.

IMPRESSIONEN AM MEER

1.

Am fernen Rand des matten Spiegels
versinkt die Sonne, aufgeheizte Kupferkugel,
Lautlos und still,
Wie in das Meer versanken bärtige Könige
Mit grauer Lederhaut gemeinsam mit ihren Weibern,
Sklaven, Söhnen,
Sanken lautlos und still gleich
Abgegriffnen Spielkarten und leeren Apfelsinenschalen,
Geworfen über eines trägen Dampfers Bord.
Ein paar langsame Wellenkreise.
Schweigen. Glätte.

2.

Und wenn der Wind gegangen ist
Mitsamt der Sonne,
das fade Grau der Dämmrung antritt
Als Vorbote der Nacht, da steigen sacht
Knochen an des Wassers Oberfläche.
Rippen von gestorbnen Fischen und hier
Ein helles Schulterblatt
Von einem, der noch lange dasein hat gewollt.
Leise schaukelt die See den Rest des Menschen,
Der morgen hätte Herr sein sollen
über alle finstren Tiefen, und
Opfer wurde
Der wüsten Fluten, der kriegerischen Stürme.

3.

Gestern eine Bucht, heute der braune Rücken
Einer Sandbank, morgen schon
An gleicher Stelle unkenntlicher Meeresboden
Oder Weide
Mit starren, schweren Kühen.
Rasch wandelt das Meer die Küste, und jeder Tag
Ist ungleich dem nächsten. Jedes Rascheln
In den dürren Kiefern heisst Veränderung.
Schneller als anderswo und
Eiliger als gewohnt.
Veränderung: Schrecken und Glück,
Festklammern und Springen.
Letzter Schrei. Erster Ruf. Leben.

der uns einander zeigte
die beieinander lagen
mond zwischen zweien tagen
warst du der uns geneigte

wir haben nicht gesehen
mond in des licht wir lagen
so zwischen zweien tagen
dein kommen und dein gehen

da wir gar nichts mehr sehen
so wissen wir im liegen
unter den wolkenzügen
wir haben dich gesehen

Die Vögel singen, wie im Frühjahr üblich.
Die Bäume sind vollkommen und der Himmel.
Kein Wind. Aufschauend von den Sätzen, die
Du schreibst mit wenig sichrer Hand auf rauhes
Papier erträgst du kaum die Stille.

Meine Liebe ist stark,
Wie das Feuer.
Wie der Nebel der die Städte heimsucht die asphaltenen
Wie die Sonne vor der die Landschaften nackt sind
Wie der Mond rollend über den Plätzen
Wie der Wind, der Trommler in den Bäumen
Wie der Wald aus dem die Särge gemacht sind.

Sonne schien, als wir uns küßten, aber
Unter jenem Baume liegend hörte
Ich den Wind schon aufstehn groß und kühl im
Dichten Blattwerk zwischen Erd und Himmel.

In der ersten Nacht ging ein Regen nieder.
In der zweiten Nacht fiel Wind von Süden in die Kiefern.
Die Sonne ging uns auf in der dritten Nacht.

Ein Schamhügel schwarz in der Dämmerung
Unter schweren Brüsten
An einem märkischen See
Von einer geträumten Nacht

GESPRÄCH ÜBER EINIGE SCHÖNHEITEN

1

Ist der Himmel nicht wunderbar?
Die Bäume: große Erfindungen
(Die Kiefern sind die schönsten,)
Und die Mädchen mit den hohen
Brüsten, die kein Reim erreicht.

2

Was den Himmel betrifft:
Manches, was von oben kommt
Explodiert beim Aufschlag.
Nichts gegen Kiefern.
Alle kannst du nicht haben.
Was die Mädchen angeht.

ÜBER EINIGE TROMMLER

Die im Glashaus trommeln
Die den Tod zubereiten
tausendfältig

Fette Finger trommelnd auf die Tische.
Die Furcht trommelt so.

GRABSCHRIFT FALSTAFF

Nichts verdarb
Was ihm vors Maul kam, eh er starb
Schlug er die Zähne in den Stein der Stadt.
Dann fraß die Erde ihn, er war nicht satt.

LEAR

Er steigt herab vom Thron. Er dünkt sich groß.
Sein eigenes Denkmal, so hat er sich aufgestellt
Steht auf der Erde, die sich nackt und bodenlos
Dreht unter dem fleischernen Denkmal, das fällt.

Regen wäscht ihn. Da merkt er: das ist kein Spaß.
Er brüllt, gestreckt auf Leichen. Kein Sarg bleibt leer.
Überm Gewäsch des Narren (Fleisch wird Aas)
Gelächter der Lokomotiven. Er hört es nicht mehr.

FISCHKADAVER MIT SILBERBAUCH

Gedrängt um den verkohlten Leichnam, der
Im feuerkauenden Fluß abtreibt ins Meer
Fleischerne Flotte, faulend unterm Rauch.
Am Steuer Hamlet, Sohn aus gutem Haus
Hat keine Nase für verbranntes Fleisch.

LESSINGS »EMILIA GALOTTI«

Hier seht ihr einen der von Adel ist
Verarmt Das Geld ist hin doch bleibt er Adel
Bewußt den geilen Prinzen trifft kein Tadel
Weil der die Macht hat Wenn der sich vermißt

Ists nicht vermessen Doch darfs jenem passen
Daß grad sein Schild der Fleck trübt Pflichtbewußt
Rennt er den Dolch drum in die falsche Brust
Er darf ists ihm auch leid die dem nicht lassen

Das Opfer liegt der Ehre ist genügt
Den Schurken der durch seine Schurkerei
Dem Schurken rechtgab holt die Polizei

Grad Held genug sein Recht sich zu verfechten
Beugt er Blut an der Hand Knecht mit den Knechten
Das Knie pflichtschuldig wenn auch mißvergnügt

SOLDATENBROT

Der Hunger brennt arg, Soldat.
Hast du Brot im Gepäck, Soldat?

    Fein war die Nacht.

Ach, und der Morgen schwer
Fiel über die Sterne her.

    Blau war die Nacht.

Kind, schrei nicht, die Lad ist leer.
Dein Brot, das ist verzehrt.

    Lang war die Nacht.

Lieber Sohn, tritt ein in die Bundeswehr
Da kannst du Ordnung lern'
Die Dienstvorschrift und der Herr Korporal
Der wird dir Ordnung lern.

Liebe Mutter, wenn ich lieg im Heldengrab
Da kannst du Ordnung lern'
Kannst kommen und mein Gebein sortiern
Das wird dich Ordnung lern.

Mein Vater sollt marschieren
Mein Vater ist marschiert.
Zum Schlachten wurd er geführt.

Und heut soll ich marschieren.
Mein Vater, der ist marschiert.
Weiß ich, wohin sie mich führen?
Wer hat meinen Vater geführt?

Der Mann im Bombenflugzeug
der die Bombe auslöst
über der Stadt des Feinds
am Heiligen Abend

denkt vielleicht an den Baum
daheim
um den die Kinder herumstehn

Vielleicht denkt er daran
wenn er die Bombe auslöst

Du aber
der du daheim bist
unter dem Baum
um den die Kinder herumstehn
denke an den Mann im Bombenflugzeug
der die Bombe auslöst
über der Stadt des Feinds
am Heiligen Abend

Du mußt an ihn denken
weil du daheim bist
unter dem Baum
um den die Kinder herumstehn.

Mutter Germanien zwischen Rhein und Elbe
Nahm ihre Wölfe wieder an die Brust
Und war die Hure der Konzerne wieder
Und zeigte ihre Scham im Neonlicht

AUF EINE MUTTER

Die Söhne fielen
Im Rock des Schlächters.
Sie
Preist ihn.

BALLADE VOM STREIKBRECHER

Mein Mutter der mich schlacht
Mein Vater der mich aß
Mein Schwester der Marlenichen
Sucht alle meine Benichen ...

Und als es hieß: Ihr braucht Granaten
Machten die Arbeiter Streik. Das hieß: Nein.
Früh saß mein Vater vor der leeren Brotlade.
Er sagte: Ich will kein Verräter sein.
Meine Mutter wies auf mich: Willst du den verraten?

Es sagten mir meine Spielkameraden
Daß ich der Sohn von einem Verräter sei.
Ich sah ihre Hemden, die hatten Flicken
Und ich sah mein Hemd, das war neu.
Da sagte ich: Mich hat er nicht verraten.

Und ich lachte über meine Spielkameraden.
Aber lange habe ich nicht gelacht.
Grau waren die Hemden, die sie uns anzogen
Und sehr schlimm war die Schlacht.
Da fragte ich: Hat mich mein Vater verraten?

Und ich fragte meine Kriegskameraden:
Merkt ihr, daß uns wer verraten hat?
Das war, als ich in die Grube fiel, die
Mein Vater mir gegraben hat.
Wer, fragten die übrigblieben: Wer hat uns verraten?

OSTERFAHRUNG

Der auszog den Osten zu erobern
Leichthin, wie der Esser das Mahl
Wo ist er?
Besiegt
Ist er. Das Mahl
Hat den Esser besiegt.

DER DICHTER

Vom SichdieHaareraufen
Die der Stahlhelm gelichtet hat
Vom SichaufdieBrusthauen
Die das Braunhemd getragen hat
Bestreitet er den Unterhalt
Für sein neues/besseres Leben.

PORTRÄT GENERAL RIDGWAY

Blätternd in einer Zeitschrift finde ich
den Schlächter abgebildet.
Er lächelt, sein Gebiß entblößt
für das Lächeln wie für eine Beute.
Sein Weib an seiner Schulter, eine Maske
aus Lächeln. Lächelnd
auch sein Kind.

Dreifaches Glück.
Dreifach Zufriedenheit.
Dreifaches Lächeln.

Weiterblätternd seh ich seine
Untergebenen, Kinder tötend
auf sein Geheiß.

PORTRÄT F. B.

1
Er log nicht um Lügen zu erzählen
Nur um seine Stellung zu halten.

Er wurde vor den Kopf gestoßen
Er fiel nicht auf den Kopf.

Die Wahrheit sagte er
In geschlossner Gesellschaft.

Bis einer ihm ins Maul sah
Auf die gespaltne Zunge.

Da wurd ihm das Maul
Mit einer Fahne verbunden.

Da ging er dorthin, wo man keinem
Das Maul verbindet
Der das Maul hält.

Da sitzt er, Fett ansetzend.

2
Es hat sich herausgestellt:
Die Wahrheit in Köpfe trichtern
Und Nägel in eine Wand schlagen
Ist nicht dasselbe.

Der Hammer ist gut für den Nagel
Für die Wahrheit ist er nicht gut.

KRITIK

AUS DEN AUGEN VERLOREN
HAST DU DIE KLASSE
AM SCHREIBTISCH.

Die Klasse hat mich
Aus den Augen verloren.
Ich gehe voran.
Sie hinkt nach.

SIEH DIR VON UNTEN AN
WAS DU OBEN GEMACHT HAST.
VERLASS DEN SCHREIBTISCH. –
WAS SIEHST DU?

Nichts Neues.

STEIG AUS DEM AUTO
NIMM DIE SCHAUFEL.
WAS SIEHST DU?

Die Klasse
Hat mich überholt.

DU MUSST SIE EINHOLEN.
GEH SCHNELLER: DU BRAUCHST SIE.
GEH SCHNELLER: DU MUSST IHR VORANGEHN.
SIE BRAUCHT DICH.

ZWEI STERNE

1

Ein Stern ward ausgefunden
in einer Dunkelheit.
Was war, schien überwunden.
Es schien die Früh nicht weit.

Der Stern hat nicht gehalten,
was da sein Schein versprach.
Es blieb die Welt beim alten,
und es kam nichts danach.

Er wärmte nicht die froren.
Der Wind hat kalt geweht.
Ein Stern, ach, ging verloren –
wer weiß noch, wo er steht?

2

Ein Stern ward ausgefunden
als es war an der Zeit.
Was ist, wird überwunden.
Es ist die Früh nicht weit.

Es hat der Stern gehalten,
was da sein Schein versprach.
Die Welt bleibt nicht beim alten.
Es kommt etwas danach.

Er wärmt die, die da froren.
Der Wind hat umgedreht.
Dem geht kein Stern verloren,
der auf der Erde steht.

LEGENDE VOM TOTEN MILCHMANN

1
Ein Milchmann, den der Teufel ritt
Verkaufte Milch ein halben Liter
An eine Waschfrau auf Kredit
Und starb darauf. Das schien ihm bitter.

2
Der Fall verstört ihm das Gebein
Stund auf, die Sache auszuhandeln.
Und half nicht Erd noch Leichenstein
Die Milchmannsleich fing an zu wandeln.

3
Am dritten Tag marschiert er groß –
Auch stinkend schon und das nicht wenig –
Auf jene säumige Waschfrau los
Ihr abzufordern sieben Pfennig.

DIE UHR LÄUFT AB

Der Baum, so riesengroß, schier in den
Himmel gewachsen, fault doch
Und es fällt ihn ein Wind.
Und der Tisch, so fest und schon rissig
die Platte, und das Bett so weiß, morgen
von Schweiß verklebt, brüchig das Linnen,
mit Flicken besetzt, und zuletzt dann ein
Lappen den Kindern für Puppen.

Da ist kein Wunder geschehen.
Da hat niemand schuld.
Da hat keiner den Stab geschwungen.

Die Uhr läuft ab.
Der Tempel ist leer von Göttern, die
Nixe versinkt ins Wasser, darauf
die Schiffe treiben und Küsten finden und
Gold für den starken Kaiser, morgen
schon tot und vergessen, kein Hahn kräht,
doch auf den Gräbern drängen sich Menschen,
wollen nur Leben und etwas Glück noch vorm
Tode, und
werden beiseite geschoben, verdrängt von
ihren rasch wachsenden Kindern, die heute
Milch saugen und
bald ins Fleisch schlagen die Zähne.

Da ist kein Wunder geschehen.
Da hat niemand schuld.
Da hat keiner den Stab geschwungen.

Läuft plötzlich die Uhr nicht mehr ab.
Kriechen aus dem Leib nicht mehr
die Kinder? Kann nicht der glitzernde
Rock des Marschalls verstauben? Auch
unser Genosse, der rührig kämpfende, ist
er gesichert gegen die eigne Versteinerung
und den Tod bei Lebzeiten? Der Soldat
kann nicht erstarren in kriegerischer
Geste und einsam werden an verlassener
Front? Sollen Handschellen nicht rosten,
wo man die Hände zu besseren Zwecken
braucht? Soll die Furcht selbst
nicht langsam verwehen gleich zähem Rauch,
wenn die düstere Glut
verlischt?
Soll denn auf einmal die Geschichte
nicht weiter
ihren Weg wanken und schreiten,
hüpfen und rennen?

Hat da einer den Stab geschwungen?
Ist da einer schuld?
Ist da ein Wunder geschehen?

DIE GESCHICHTE VOM DREHER JAKOB SCHMITT

1 Jakob Schmidt, Erfinder.

Ich bin der Dreher Jakob Schmitt
Mit meiner Drehzahl hält kein andrer Dreher Schritt.
Ich habe (da) eine Erfindung gemacht
Damit komme ich auf 11 Hundert, der Durchschnitt liegt bei 8.
Die Erfindung halte ich streng geheim.
Wenn sie publik wird, bringt sie mir nichts mehr ein.
Da gibt es natürlich Kollegen, denen das nicht gefällt.
Ich sage: Der Hund, der vom Knochen das Nachsehn hat, bellt.
Ich hörte da auch einige sagen
Ich hätte ums Gehirn einen Stehkragen.
Das sage ich: Wenn die mein Köpfchen hätten
Die wüßten auch was sie täten.
Ich weiß jedenfalls, was ich mache:
Sozialistisches Geld für meine gute Sache.

2 Jakob Schmitt und die Argumente.

Kollege Schmitt, die Prämie ist dir sicher, du kommst in die
                                        Zeitung.
Zeig uns, was du erfunden hast. Alle wollen mehr machen.

Mit meinem Kopf!
Der passt nicht in euern Topf.

Kollege Schmitt, dein Standpunkt ist kleinbürgerlich.

Kann sein.
Aber er bringt was ein.
Daß ihrs wißt:
Bei meiner Drehzahl brauch ich nicht zu wissen, was ein
                                        Standpunkt ist.

Und der Plan, Kollege Schmitt?

Einfamilienhaus, Wartburg und Angelkahn
Das ist mein Plan.

Kollege Schmitt, in unsern Plan ist alles eingeplant:
Einfamilienhäuser,
Wartburgs, Angelkähne, und der Frieden.

Noch hör ich kein Schießen.
Bis dahin will ich mein Leben noch genießen.
Eh mir die Bombe sprengt den Kragen
Will ich mir noch den Bauch vollschlagen.

3 Not macht Kollektive.

Wir haben hin und her probiert
Jeder für sich die Drehbank studiert
Ein Gedanke in zwanzig Köpfen:
Wie kann ich selber den Rahm abschöpfen?
Nach zweimal 24 Stunden
Hatte immer noch keiner erfunden
Was Schmitt erfand, daß er
1100 einstreicht und noch mehr.
Als unser jüngster Dreher rief:
Versuchen wir es mal im Kollektiv!
Waren neunzehn dagegen.
Die dachten: Wer wird sich selber reinlegen
Das müßte doch mit dem Teufel zugehn
Könnt ich das Ding nicht alleine drehn.
Nach zweimal 48 Stunden
War immer noch nichts erfunden.
Da wars der älteste Dreher, der rief:
Versuchen wirs mal im Kollektiv.

4. Leichenrede auf einen Privatfisch.

Das war der Dreher Jakob Schmitt
Der hielt nicht mit der Entwicklung Schritt.
Seine Drehzahl war hoch. Sie ist es nicht mehr:
Wer stehenbleibt, hinkt hinterher.
Selbst ist der Mann, das war sein Dreh.
Da trat das Kollektiv ihm auf die Zeh
Und ist ihm auf den Dreh gekommen.
Da ist ihm sein Privatfisch weggeschwommen.

1949 ... Übersetzungen

GRUSS AN KOREA

(Text: B. Balabasoff, Deutsch: Heiner Müller, Musik: G. Naumoff)

1. Gruß, Korea, dir Land der Drei Küsten!
Deinem Norden von Sternen erhellt:
Fünfgestirn über Wäldern und Wüsten,
Stern der Hoffnung der friedlichen Welt!

Refr.:   Kim Ir Sen hat zum Kampf aufgeboten.
           Seine Stimme erweckte das Volk!
           Schirme, Volk, deine Fahnen, die roten!
           Wider Taifun erhebe dich, Volk!

2. War das Land voller Reichtum und Güte,
kam der gierige Feind übers Meer.
Doch für deine zertretene Blüte
griff dein tapferes Volk zum Gewehr.

3. Marsch voraus! Durch die Wälder und Schluchten!
Und befreit wird das letzte Stück Land.
Zu den blauen, den schimmernden Buchten,
und im Sturm wird der Feind überrannt!

4. Ja, den Herrn wird es übel geraten!
Partisanen zerschlagen die Brut.
Denn der Feind hat nur Stahl und Soldaten,
doch das Volk schreibt die Rechnung mit Blut.

5. Koreaner, stoß vor! Partisanen!
Eure Erde voll Blut und Schweiß,
eure Saaten und Städte und Fahnen,
schützt sie gut vor dem Dollargeschmeiß!

6. Führ die Fahne, Korea, zum Siege!
Koreaner, es grüßt euch die Welt!
Bis der Feind in dem letzten der Kriege
an der Mauer des Friedens zerschellt.

LIED ÜBER STALIN

(Deutsch von Heiner Müller)

Das Land wird frei im Frieden gedeihn
Und Glück wird sein und sonniger Wein
Kein Wort, kein Lied
Kann alle unsre Freude fassen
Lieder Lieder singt im Chor!
Die Heimat blüht von Stalin befreit.
Er lebt im Lied als Hoffnung der Zeit
Die Völker, die den Frieden lieben folgen Stalin
Er vollbringt was er am Grabe Lenins schwor
Völker, alle folgen Stalin
Stalin, der den Krieg bezwingt,
Singt ein Millionenchor
das Lied von Stalin
Stalin, der den Krieg bezwingt.

DAS LIED VON STALIN

(Text: J. Prutkoroski, Musik: M. Olzarczyk,
Deutsch: Heiner Müller)

Stolze Chöre und Lieder,
Gesang im Maschinensaal.
Wieder und wieder und wieder
tönt sein Name wie Stahl.

Refr.:   Völker der Welt, eine große
Wahrheit ist klar und entschieden:
Der Frieden, das ist Stalin –
Und Stalin ist der Frieden.

Krieg und schreckliche Zeiten
erschrecken die Mütter nicht,
denn ihre Blicke gleiten
still zu seinem Gesicht.

Singe, Polen, nun singe –
du Leben, du schmück dein Haar.
Hauptstadt und Dörfchen, nun bringe
dankbar dein Lied ihm dar.

DER MARSCH DES 1. KORPS/1943

(Text: A. Wazyk, Melodie: Marsch der Alliierten von
Baracz, Deutsch: Heiner Müller)

Zogen quer durchs Land,
stehn am Meeresstrand,
wie weit mag es denn noch sein
zu dem Roggenhain, zu der Heimat mein?
Es ist Zeit, steh parat, gürt dich gut, Volkssoldat –
Marsch, marsch! Stoße erstes Korps –
stoß nach Westen vor – nach Westen vor!

Wart, Maria, wart,
unser Schritt ist hart –
und wir sind schon nicht mehr fern –
Du mein Augenstern, sind schon nicht mehr fern.
Weine nicht, Mädchen mein – laß dich nie mehr allein –
Marsch, marsch! Grüße erstes Korps –
grüß den Ost! Gehe vor! nach Westen vor!

Und ein großes Glück –
eine Republik,
dem Land unserm Land
wächst in Dorf und Stadt neues Heldentum!
Gruß dem Tag – Blick voraus! Aus Kristall wächst ein Haus –
Marsch, marsch! Stoße erstes Korps
für die Heimat vor, nach Westen vor!

STIEFELEISEN, SPRÜHT NUN FEUER

Volkslied aus Masowien (Deutsch: Heiner Müller)

Stiefeleisen, sprüht nun Feuer,
hej, du bist es wert, mein Mädchen,
ob du's wert, ob nicht, mein Mädchen.
Stiefeleisen, sprüht nun Feuer,

Refr.:   Heißa, lustig, heißa, springt doch!
             Unsre Eisen sind von Eisen,
             Funken werden es beweisen!
             Heißa, lustig, heißa, springt doch!

Hej, steht auf vom Ofen, Mädchen,
Kinder, eine von euch fehlt doch ...
Hier Mariechen, hier ist Käthchen,
aber meine Sophie fehlt noch.

Fiedler, wirst im Himmel wohnen,
Heißa, du Bassist, desgleichen.
Oben wird der Schlager thronen,
schlägt die Zimbel ohnegleichen.

HEJ, IHR KRAKAUER BURSCHEN

Volkslied der Flößer aus der Krakauer Gegend
(Deutsch: Heiner Müller)

Hej, ihr Burschen, in die Kähne,
tanzen heut im Städtchen
mit den hübschen, mit den kleinen
Sondomierszer Mädchen.

Schimpfe, Retman – wird nichts nützen.
Ruder los und Seile!
Krakaus hübsche Äuglein blitzen,
eile, Mädchen, eile!

Schimpfe, Retman – wird nichts nützen.
Ruder weg und Schiffstau!
Krakau läßt kein Mädchen sitzen,
und wir sind aus Krakau.

Wenn zum Tanz wir, lieber Retman,
unsre Mädel holen,
soll der Teufel, lieber Retman,
deine Kähne holen.

SEEMANNSLIEDCHEN

(Deutsch: E. Burkert, Heiner Müller)

Oj, ich fahre hin und her
nächtens auf dem dunklen Meer.

Ach, wie soll ich segeln, weh —
Schwarz die Nacht und schwarz die See.

Leuchtet eine Kerze dir,
findet schon dein Boot zu mir.

IM ARBEITERVIERTEL VON LAHORE

(Text: N. Tichonow, Deutsch: Heiner Müller)

Ich betrat zum ersten Male,
in dem Land im Süden weit –
und es war kein Traum – die kahle
Hütte, wie ein Grab kaum breit.

Nackte Mauer, Lehm und Schimmel.
Ird'ne Diele, schief gesenkt.
Und ein Bruchstück blauer Himmmel
zwischen Staub und Stille hängt.

In den Ecken Spinngewebe.
Stroh als Bett, gut für ein Tier.
In der feuchten Höhle leben
kann kein Mensch – so schien es mir.

Bettler nur, am Grabesrande,
blind vor Hunger schon und taub –
Nein, Arbeiterwohnung nannte
sich dies Grab aus Staub.

Und es zeigte sich hier wieder,
daß der Mensch, getäuscht so oft,
drückt man ihn gewaltsam nieder,
auf Befreiung nicht mehr hofft.

Daß, dem Hunger preisgegeben,
endlich, von Verzweiflung matt,
er mit seinem Sklavenleben
ganz sich abgefunden hat.

Da sah ich die Augen funkeln
meinem Freund aus Pakistan:
»Viele leben so im Dunkeln,
die die Sonne noch nicht sahn . . .

Doch es gibt auf dieser Erde
eine große Hoffnung noch!
Dieser hier!« – Es war, als werde
Plötzlich weit das Fensterloch.

An der Wand war es zu sehen,
wo das Tageslicht sich bricht –
Stalins Bild! – »Das wird bestehen
klarer als das Tageslicht . . .«

Vor mir stand ein Mensch, ihn hatte
nicht gebeugt die lange Not,
vorgetreten aus dem Schatten
sah er auf das Morgenrot,

das am bröckelnden Gemäuer
sichtbar eingeschrieben war:
»Dies ist Stalin, allen teuer,
aller Hoffnung wunderbar!«

»Seinen Stern auf unsre Fahne!
Und wo Schatten war, wird Licht!«
Also sprach der Pakistane –
Staub und Striemen im Gesicht –

der im Staube leben mußte
in Lahore, der alten Stadt,
doch die neue Wahrheit wußte,
die für immer Geltung hat.

REDE
DER SOWJETISCHEN SCHRIFTSTELLER
AUF DEN GENOSSEN STALIN
(Text: A. Twardowski, Deutsch: Heiner Müller)

Das Wort, das unbestechliche, hat Macht.
Aber es gibt Gefühle, nicht zu fassen
durch Worte: eines Volkes Liebe macht,
unsagbar groß, des Wortes Macht verblassen.

Für Sie, der Sie uns Freund und Vater sind,
genügen bloße Worte nicht, die reichen
nicht aus, nein, jene Liebe, wie von einem Kind,
einfach und doch mit nichts mehr zu vergleichen.

Des Volkes Liebe, dessen Tapferkeit
der Welt unfaßbar ist wie eine Sage. −
Die Lenin folgten, folgen Ihnen heut
und werden stets Ihr Bild im Herzen tragen.

Hell wie die Tage unsrer Gegenwart,
wie Jugend stark, in Treue unverbrüchlich −
so stehen sie, stehn wir um ihn geschart,
durch den wir wurden mehr als andre glücklich.

Der unser Land die rechte Straße wies,
daß wir das Leben schöner leben können −
nichts ehrt genug ihn, der uns gab all dies,
was immer wir, dankbar, auch geben können.

Von allen Völkern, allen Stämmen, die
an diesem Festtag hier erscheinen können,
der Dank der Söhne und ihr Gruß an Sie,
sei Ihnen dargebracht von Ihren Söhnen.

Dank dafür, daß Sie aus der Nacht und Not
uns führten in das Licht und Glück der Frühe!
Dank Ihnen, der dem Unheil Halt gebot,
das Land aufhebend aus der Qual und Mühe!

Auch dafür Dank, daß jetzt – da wieder Krieg
die Feinde schrien, wünschend die Welt in Flammen –
ist eine Hoffnung auf des Friedens Sieg,
die trägt den Namen Stalin, Ihren Namen.

Es sagen Worte nicht, wie teuer Sie
den Freien sind und den noch nicht Befreiten.
Wir sind nur Boten einer Liebe, die
nicht enden wird, nur wachsen mit den Zeiten.

Das ganze Volk grüßt Sie in Treue – kann
es auch nicht lohnen, was Sie ihm gegeben –
Sie mögen noch Jahrzehnte uns voran
in Freude Freude schaffend mit uns leben.

Mögen die Sommer weiter, Jahr um Jahr,
Kränze von Laub und lichten Blüten winden,
und sich erneuernd über Ihrem Silberhaar
In diesem stolzen Leben Lenz an Lenz entzünden.

Für alles, alles Ihnen unsren Gruß und Dank.
Von allen, allen, deren Herzen für Sie schlagen!
Von allen, allen die das rote Banner tragen
durch Tundren, Schneegebirge oder stromentlang!
Von allen Ihren Kindern diesen Gruß und Dank!

EIN WORT AN DEN GENOSSEN STALIN

Es ward befohlen nicht, noch aufgetragen,
es kam von selbst – und länger halt ich's nicht . . .
So lassen Sie denn dieses Wort mich sagen,
ein schlichtes Wort, das aus dem Herzen spricht.

Der Tag brach an, da war die Zeit entbunden.
Und daß die Erde wieder Ruhe fand,
ward überall mit tiefem Dank empfunden
als heldenhaftes Werk von Ihrer Hand.

Dank dafür, daß uns durch Ihr hilfreich Dienen
im Kampfe standzuhalten ward erlaubt.
Genosse Stalin – wir, wir glaubten Ihnen,
wie wir vielleicht uns selbst noch nie geglaubt.

Sie führten, und wir wußten: es muß glücken,
der Feind wird seiner Strafe nicht entgehn.
Drum will ich Ihnen fest die Hände drücken,
mich bis zur Erde neigen, wo Sie stehn.

Vor Ihrer Treue zu den Heimatweiten,
vor allem, was Ihr weiser Sinn beginnt,
vor Ihres Lebensweges Lauterkeiten
und davor, daß Sie so sind – wie Sie sind!

LIED SOWJETISCHER SCHULKINDER
(Text: W. Gussew)

Die Schule ist neu, und die Fahne
steht rot überm Schuldach im Wind.
So wachsen nach unserem Plane
Schulen, die unser sind.
Wir kommen von Werken und Weiden.
Der Weg und das Ziel sind bekannt.
  Für unsere glückliche Kindheit.
  Für dich unser glückliches Land!

Wir werden in blitzenden Räumen
Vor Tafeln und Karten stehn.
Und lernen und lernen und träumen,
und Stalin ist stolz, uns zu sehn.
Wir kommen von Werken und Weiden,
Der Weg und das Ziel sind bekannt.
  Für unsere glückliche Kindheit.
  Für dich unser glückliches Land!

Wir lernen das Wachstum der Erde
und ihren gewaltigen Bau.
Wenn wir Kapitäne sein werden
auf Meeren, gefährlich und blau,
in Stürmen, dann werden wir sagen:
Der Weg und das Ziel sind bekannt.
  Für unsere glückliche Kindheit.
  Für dich unser glückliches Land!

MARSCH DER FREUNDSCHAFT

(Deutsch: Heiner Müller)

Nicht der Abgrund der Meere, kein granit'nes Gebirge
wird den Marschblock der Freundschaft besiegen.
Durch die kämpfenden Länder wir marschieren, wir Jungen
unbesiegbar in leuchtenden Zügen.

Refr.:   Drum Schritt gehalten! Und nicht ermüden!
         Wenn auch die Fahnen der Sturm zerzaust,
         wir werden siegen im Kampf um Frieden.
         Feinden der Freiheit unsere Faust!

Junge Slawen, erhebt euch! Junge Griechen und Spanier!
Auf dem Marsch sind die jungen Chinesen.
Mit uns kämpfen die Brüder, junge Neger Virginiens
und Malaien, voran Vietnamesen.

Haltet Schritt! An der Spitze, Komsomolzenkolonnen,
ziehn die singenden Kinder Befreiter.
Und durch Moskau und Warschau klingt das Lied unseres
                         Ruhmes,
und die Jugend der Welt trägt es weiter.

UNSER WAPPEN
Legende
(Text: J. Smetjakow)

Und es begab sich
in dem großen Jahr,
als sich das Volk
erhob und siegreich war:

Im ungeheizten
Kremlkabinett
zur Sitzung kam
Zusammen der Sowjet.

Der Landarbeiter
und die Schnitterin
am gleichen Tisch
mit Schmied und Weberin.

Und an der Tür stand
bärtig und gerad
mit dem Gewehr
auf Posten ein Soldat.

Der Rat beschloß,
auf Erden leben wir —
die Erde auch
sei unser Wappen hier.

Und auf dem Wappen
wie am Himmel sei
die Sonne und
ein roter Stern dabei.

Das andre bringen —
Preis der Produktion! —
so sprach der Rat —
die Delegierten schon:

Aus seiner Werkstatt
Rauch und roter Glut
Brachte der Schmied
den Hammer her, sein Gut.

Aus ihrem Dorfe,
aus der Felder Pracht,
die Sichel hat
die Bäuerin gebracht.

Und eine goldne
Garbe, reif und schwer,
der Bauer trug
in rauhen Händen her.

Mit den vereisten
Stiefeln stampfend nun
die Weberin —
rot leuchtet ihr Kattun.

Den großen Hammer
und die Sichel hat,
die blitzende,
in eins gefügt der Rat.

Und jene Garbe,
die der Bauer trug,
umflochten sie
mit dem Oktobertuch.

Auch der Soldat kann
da nicht schweigen mehr
und hebt die Hand:
so nehmt auch mein Gewehr!

Und unsere Losung
ward verzeichnet dort
auf dem Kattun,
getreu nach Iljitschs Wort.

Der weise Stalin
aber sagt, daß er
nicht aus der Hand
darf geben sein Gewehr.

Zum Schutz des Wappens
steht seit jener Zeit
unser Soldat
mit dem Gewehr bereit.

So werden wir wachsen und lernen
und kühn sein und stark und gesund
und werden in blaue Fernen
aufsteigen mit lachendem Mund
und werden uns umsehn und sagen:
Der Weg und das Ziel sind bekannt.
        Für unsre glückliche Kindheit.
        Für dich, unser glückliches Land!

Wir werden die Fahne halten,
daß sie dem Feind nicht verfällt.
Wachsend im Kampf wie die Alten
verändern wir kämpfend die Welt.
Wir werden antreten und sagen:
Das Ziel und der Weg sind bekannt.
        Für unsre glückliche Kindheit.
        Für dich, unser glückliches Land!

EIN SOWJETMENSCH; GRADE UND SCHLICHT

Ein Lied klingt, ein rühmliches, weites
ein hohes, das stärkt und ermannt:
Wir wissen auf Erden kein zweites
so freies und glückliches Land.

Die Flußläufe lenkt und gewandet
die Berge versetzt und durchbricht,
und frei auf dem Nordpole, landet
der Sowjetmensch, einfach und schlicht.

Sowjetische Geigen erringen
den höchsten, den würdigsten Preis.
Sowjetische Mädchen bezwingen
die Stürme, den Nebel, das Eis.

Amerika neu zu entdecken,
scheut arktische Wetter er nicht,
er fliegt über'n Pol ohne Schrecken,
der Sowjetmensch, sachlich und schlicht.

1959···

ÖDIPUSKOMMENTAR

Lajos war König in Theben. Ihm sagte der Gott aus dem
Mund der
Priester, sein Sohn werde gehen über ihn. Lajos, unwillig
Zu bezahlen den Preis der Geburt, die kostet das Leben
Riß von den Brüsten der Mutter das Neue, durchbohrte die
Zehen ihm
Sorgsam, daß es nicht über ihn geh, und vernähte die dreifach
Gab es, daß der auf dem Tisch der Gebirge den Vögeln es ausleg
Einem Diener, *dieses mein Fleisch wird mich nicht überwachsen*
Und verbreitete so den Fuß, der ihn austrat, durch Vorsicht:
Dem geflügelten Hunger das Kind nicht gönnte der Diener
Gab in andere Hände zu retten in anderes Land es
Dort das hoch Geborene wuchs auf geschwollenen Füßen
Keiner hat meinen Gang, sein Makel sein Name, auf seinen
Füßen und andern seinen Gang ging das Schicksal, aufhaltsam
Jeder Schritt, unaufhaltsam der nächste, ein Schritt ging den
andern.
Seht das Gedicht von Ödipus, Lajos Sohn aus Jokaste
Unbekannt mit sich selber, in Theben Tyrann durch Verdienst: er
Löste, weil Flucht vom verkrüppelten Fuß ihm versagt war, das
Rätsel
Aufgestellt von der dreimal geborenen Sphinx über Theben
Gab dem Stein zu essen das Menschen essende Dreitier
Und der Mensch war die Lösung. Jahrlang in glücklicher Stadt
drauf
Pflügte das Bett, in dem er gepflanzt war, der Glückbringer
glücklich.
Länger als Glück ist Zeit, und länger als Unglück: im zehnten
Jahr aus Ungekanntem die Pest fiel über die Stadt her
Solang glücklich. Leiber zerbrach sie und andere Ordnung.
Und im Ring der Beherrschten, das neue Rätsel geschultert
Auf zu großem Fuß stand, umschrien vom Sterben der Stadt, der
Rätsellöser, warf seine Fragen ins Dunkel wie Netze:

Lügt der Bote, sein Ohr, zu den Priestern geschickt, Mund
der Götter?
Sagt der Blinde die Wahrheit, der mit zehn Fingern auf
ihn weist?
Aus dem Dunkel die Netze schnellen zurück, in den Maschen
Auf der eigenen Spur vom eigenen Schritt überholt: er.
Und sein Grund ist sein Gipfel: er hat die Zeit überrundet
In den Zirkel genommen, *ich und kein Ende*, sich selber.
In den Augenhöhlen begräbt er die Welt. Stand ein
Baum hier?
Lebt Fleisch außer ihm? Keines, es gibt keine Bäume,
mit Stimmen
Redet sein Ohr auf ihn ein, der Boden ist sein Gedanke
Schlamm oder Stein, den sein Fuß denkt, aus den Händen
ihm manchmal
Wächst eine Wand, *die Welt eine Warze*, oder es pflanzt sein
Finger ihn fort im Verkehr mit der Luft, bis er auslöscht
das Abbild
Mit der Hand. So lebt er, sein Grab, und kaut seine Toten.
Seht sein Beispiel, der aus blutigen Startlöchern aufbricht
In der Freiheit des Menschen zwischen den Zähnen des
Menschen
Auf zu wenigen Füßen, mit Händen zu wenig den
Raum greift.

BABELSBERGER ELEGIE 1960

Weit ist der Weg zur Kasse, bei Regen besonders.
Trocken fahren in ihren fabrikneuen Autos
An mir vorbei die Schreiber der schlechten Filme.

FILM

45 Jahre nach der Großen
Revolution sehe ich auf der Leinwand
In einem neuen Film aus dem Land der Sowjets die
Verwandlung
Eines langsamen Kellners in einen Schnelläufer
Durch die falsche Nachricht, der hundertunderste
Wartende Gast sei Staatspreisträger.
Die wenig verschieden gekleideten Zuschauer
In dem Eckkino in der gespaltenen Hauptstadt
Meines gespaltenen Vaterlandes belachen
Den alltäglichen Vorgang, nicht alltäglich
Auf der Leinwand. Warum lachen die Leute.
O nicht genug zu preisende Langsamkeit
Der nicht mehr Getriebenen! Schöne Unfreundlichkeit
Der zum Lächeln nicht mehr Zwingbaren!

AN DIE BERGSTEIGER. Ein Bewohner der Niederungen bittet um eure erhabene Aufmerksamkeit. Vielleicht, wenn ihr die Hand über die Augen legt, seht ihr ihn noch. Oder seid ihr schon so hoch gestiegen, daß ihr unser kleines Dörfchen nicht mehr ausmachen könnt, die armseligen Behausungen mit den frisch gestrichenen Fensterläden, geduckt unter der neuen, an Festtagen randvollen Kirche, nur die Wolken noch, die eure Kolonne den Blicken der Neugierigen entziehen, uns Neugierige eurem Blick, oder den Morgennebel? Ihr Göttlichen, wandelnd trocknen Fußes über dem Regen mit genagelten Schuhn, lest eine Messe für uns auf dem Gipfel! Warum habt ihr eigentlich die Regenschirme mitgenommen? Schickt wenigstens den Lift wieder herunter, wenn ihr ihn nicht mehr braucht, ihr Hohen.

SCHALL CORIOLAN

Wenn ich ein Landgut hätte wie Vergil und andre
Oder einen Mäzen wie Horaz der mich aushält
Oder die Gabe aus Scheiße Gold zu machen
Würde ich ein langes Gedicht schreiben Schall
Über den größten Schauspieler den ich gesehen habe
Aber ich muß mein Stück schreiben
Damit ich meine Schulden bezahlen kann und ich muß
Meine Schulden bezahlen damit ich meine Stücke schreiben
                                                    kann
Ein krummer Hund der sich in den Schwanz beißt
Ich habe keine Zeit auf die Proben zu kommen
Angewiesen auf das allen Erreichbare also
Mittelmäßige Fotografien in THEATER DER ZEIT
So zwischen schlecht fotografierten Hamlets
Jeder zehnmal mehr Hamlet als Hamlet
Sie hantieren mit ihren Schwertern wie mit Eßstäbchen
Kannibalen die kein Blut sehn können
Aber sie bestehn auf ihrem Schein
Sehe ich Sie, Schall, den Coriolan spielen
Schlachtend vor Antium und die Schlacht ist eine Schlacht
Roms erster Schlächter seine Arbeit verrichtend
Mit dem Eifer des Knaben der Fliegen killt
Das Schreckliche schön das heißt als unnötig gezeigt
Denn die Wirklichkeit muß sichtbar gemacht werden
Damit sie verändert werden kann
Aber die Wirklichkeit muß verändert werden
Damit sie sichtbar gemacht werden kann
UND DAS SCHÖNE BEDEUTET
DAS MÖGLICHE ENDE DER SCHRECKEN

WINTERSCHLACHT 1963

1

In Berlin, alter Hauptstadt des neuen Deutschland
In der Halle mit dem Namen des toten Vorkämpfers
Einer von Millionen Staub gewordener Sieger
Trafen zusammen die Delegierten, zweitausend
Aus Fabriken, Genossenschaften, Büros, berieten
Jeder mit seiner Stimme, Stimme der Stimmlosen auch
Denen Erde den Mund stopft, Stimme der morgen Geborenen
Unsern gemeinsamen Kampf, den immer und überall andern
Um das eine, ›vielfaltige‹ Ziel: Kommunismus.
Hörten die Reden der Führer, redeten, jeder sein eigener
Führer und nicht nur sein eigener, sondern
Andere, viele, mehr täglich, führend an wechselnden
Fronten gegen das immer neu sich verkleidende Alte.

2

Aber am ersten Tag der grossen Beratung
Standen im Kraftwerk Elbe drei Generatoren still
Denn der Winter war der kälteste seit Jahrzehnten
Und das Eis kannte nicht die Parteibeschlüsse
Ritt auf dem Fluss mit der Strömung und gegen die Strömung
Reiter, der im Sattel wächst, sein Reittier fressend
Würgte den Einlaufkanal, die Schlagader des Kraftwerks
Bis die Ansaugpumpen schrien nach dem notwendigen
Wasser, das die hitzigen Generatoren kühlt. So
Widerwillig, das Kraftwerk zu retten, das allen eigene
Stellten seine Erbauer die Schalthebel auf Aus
Und der Kampf um Wasser begann, der siebzig Stunden
Lange in der gleichen Nacht noch. Vorauf ging der Kampf
Gegen Vorschriften, an wärmeren Tagen gemacht für den Winter
Weniger kalt. Und er wurde geführt von den Hütern der
                                             Vorschriften
Selber und der kürzeste Weg war der Dienstweg.

Und auf dem Dienstweg kam Hilfe: Arbeiter, Bauern, Soldaten
Und die Soldaten griffen das Eis an mit den Waffen
Andern Feinden bestimmt, doch lieber gebraucht gegen Eis, das
Keine Vernunft hat, kein Ohr für Verhandlungen, kein Blut
Sprengten ins Weiss eine Bresche und hielten die Stellung
Auf dem schwer gewonnenen Wasser mit Pfählen und Steinen
Mit Pontons und Faschinen. Gegen den Vormarsch der Kälte
Reichten nicht aus ihre Hände, Waffen gewohnt und Werkzeug
Und die Hände der Arbeiter, Werkzeug und Waffen gewohnt,
                                                        nicht
Und sie riefen zu Hilfe die Soldaten der ersten
Roten Armee (Schrecken der schreckenverbreitenden Väter)
Standen gegen das Eis in gefrorenen Uniformen
Söhne von Feinden in gemeinsamer Winterschlacht.

3
Auch an Rhein, Loire, Themse, Missouri standen
Gegen das aufhaltbare Eis mit Maschinen und Händen
Mehr Maschinen vielleicht und weniger Händen, Arbeiter
Retter der Kraftwerke auch. Doch gehört ihnen keins
Und die Maschine gehört ihnen nicht, der Fluss nicht
Und die eigene arbeitende Hand, die mächtige
Schweiss zu vergiessen und Blut ohne Unterschied
Unbewohnbar zu machen den Stern oder bewohnbar.
Wüssten sie endlich (sie auch) und vergässen es nie mehr:
                                                   ein Leib
Sind die Völker, ein Blut, ihre Wunden und Narben
                                        gemeinsam.
Nicht eh der Rhein in die Elbe fliesst gehört er den seinen.

4
Die Soldaten, müde vom Eis, das keinen Schlaf braucht
Männer und Frauen, die gefrorene Kohle brechend
Aus vereisten Waggons, aus gefrorenem Boden gerissen
In den Tagebauen vorher, die Bauern, Brechstangen

In den klammen Händen, auch, und die Taucher
Unter dem Eis auf dem Grund bei einsamer Arbeit
Hatten nicht Zeit anzuhören die Beratung
Ihrer Delegierten in der nahen Hauptstadt
Wurden vom Eis belehrt über das Nächste, wurden
In die Schule genommen vom kältesten Januar
Ihres zweiten Jahrzehnts, schrieben in langer Schicht
Mit geeint mächtigen Händen ein neues Kapitel
Ihrer eignen Geschichte auf eisiger Schulbank;
Neben ihnen die Alten, Teekocher, Teekessel
Schleppend auf den Kampfplatz, Hüter der Koksöfen
(Wenig wissend vielleicht von der nahen Beratung
Wenig wissend vielleicht von Elektrizität auch
Aber die Kälte kennend und die Finsternisse).
Und zum zweiten Mal wurde volkseigen das Kraftwerk.

5
Später erst, in den Versammlungen, anhörend
Die Berichte der Delegierten, lernten sie
Lesen ihren eigenen Text, auf Eis geschrieben
Mit arbeitenden Händen, Alphabet der kommenden Kämpfe.

6
In der nahen Hauptstadt die Delegierten
Standen von ihren Plätzen auf, unterbrachen
Ihre Beratung über Koexistenz und Selbstkosten
Kunst und Mathematik, als verlesen wurde
Das Telegramm mit der trockenen Siegesmeldung:
Alle Maschinen sind am Netz im Kraftwerk Elbe
Sahn im geretteten Licht einen Blick lang das Endbild, gewaschen
Wieder und wieder mit Schweiss, mit Blut auch, immer gesehn im
Rauch der Klassenschlachten unverlierbar, das wirkliche
Wenn die Menschheit erkennt, die Partei ist die Menschheit
Die erkannte Natur der Parteidisziplin unterwirft und
Ihren Platz einnimmt am Steuer des Planeten.

FRAGEN FÜR LEHRER

In unseren Schulen lernen die Kinder
Den Fluß deklinieren und regulieren zugleich,
In unsern Fabriken lernen sie Ökonomie,
An Drehbank und Wandtafel das ABC
Des Kommunismus und das Einmaleins
Der Automaten. Die Worte haben Gewicht,
Stoff, aus dem die Taten gemacht werden,
Der Gedanke hat Folgen, das Ungefähre
Ist das Gefährliche in den neuen Bereichen,
Wo ein Kopf nicht ausreicht, zehn Köpfe nicht
Ohne die Arbeit ihrer Erfindungen.

Die Kinder der Generation, die den Kapitalismus
Ins Museum verwiesen hat, werden
Maschinen baun, die ganze Fabriken herstellen.
Der die neuen Maschinen beherrschen soll
Muß genau wissen, was eine Maschine ist.

Viel wird verlangt von der Jugend, zu viel,
Sagt der Lehrer, der zuwenig gelernt hat:
(Tausend Jahre lang galt für ausgemacht,
Vögel und Engel können fliegen, der Mensch
Kann nicht fliegen, außer er ist ein Engel.
Wir sind keine Vögel, wir sind keine Engel, wir fliegen.)
Der gute Lehrer macht sich überflüssig.
Was er allein weiß, weiß er nicht.

Warum schläft ein Schüler auf der Schulbank?
Hat er keine Lust auf ein leichteres Leben
Durch Mathematik, wer verschweigt ihm,
Daß die Mathematik sein Leben erleichtert?

In unserem Land des täglichen Aufbaus
Wachsen die Kinder schnell: ihre Hände sind frei
Von den Fesseln, die wir getragen haben.
Ein ›Ausbeuter‹, wer ihnen die Arbeit abnimmt!
Ihre Gehirne sind leer von dem Ballast
Aus der Schule der Ausbeuter. Stopft sie nicht voll jetzt
Mit neuem Ballast: ein Kopf ist kein Aktenschrank,
Der Mensch ist kein Fragebogen, den man einfach ausfüllt.
Er ist die Frage, die sich selber beantworten muß.
Das Fahrrad muß nicht noch einmal erfunden werden,
An der Geschichte der Kriege lehrt, was
Den Krieg abschaffen hilft. Die Schule ist kein Museum,
Das Leben überholt die Lehrbücher;
Der Mensch ist kein Lexikon: er gebraucht es;
Er ist keine Maschine: sie arbeitet für ihn.
Der gute Lehrer sagt mehr, als der Schüler begreift,
Wissend: Das Leben, der größere Lehrer, wird
Seine Arbeit fortsetzen, wenn sie gut war.
Ein Motorrad fahren lernt man nicht auf dem Dreirad.
Einen Staat leiten lernt man nicht im Sprechchor.
Vergeßt nicht, wenn ihr die Staatsbürger von morgen erzieht,
Was für ein Staat unser Staat ist: erzieht Staatsmänner.
(Gibt es Staatsfrauen? Haben die Frauen
In unserer Sprache kein Bürgerrecht? Arbeit für Dichter.)

Die Fragen, die ihr das Leben stellt,
Stellt die Jugend dir, Lehrer, Betriebsleiter, Parteisekretär.
Dein Schweigen ist keine Antwort, deine Ausreden
Schaffen die Fragen nicht aus der Welt.
Allein gelassen mit ihren Fragen, ist sie allein
Mit den Lügen der Feinde an Radio und Bildschirm,
Und jede Minute ist da eine Minute zuviel.

Warum schweigt der Klassenleiter
Über den Lärm seiner Schulklasse im Unterricht?
Warum streut der Schulleiter dem Schulinspektor
Sand in die Augen mit guten Beispielen,
Wie werden die schlechten Schulen verbessert,
Genosse Lemnitz?

NEUJAHRSBRIEF 1963

Ein Jahr ist zu Ende gegangen mit Lärm
Von Glocken und Feuerwerkskörpern Die Zeitung
Die gebracht werden wird in einer Stunde
In deiner Stadt dir mir in meiner Stadt
Von einer alten Frau mit älteren Füßen
Drei Söhne verloren aber noch keine Zeitung
DAS REICH NEUES DEUTSCHLAND RHEINISCHER
                                    MERKUR
Wird ein besseres Jahr anzeigen wie üblich
Und das Schwarze in deiner Zeitung du weißt es
Ist das Weiße in meiner Zeitung wir wissen es
Immer neu wächst Gras über die Grenze
Und das Gras muß ausgerissen werden
Immer neu das über die Grenze wächst
Und der Stacheldraht muß gepflanzt werden
Immer neu mit dem genagelten Stiefel
ICH BIN DER STIEFEL DER DEN STACHELDRAHT
                                    PFLANZT
Vor meinem Fenster auf einem Parkbaum
Allein wie ein Betrunkener gegen Morgen
Lärmt flügelschlagend eine ältere Krähe
Die Straßenreiniger ALL OUR YESTERDAYS
Haben ihre Arbeit aufgenommen
Manche Dinge kommen wieder und manche nicht
Das Herz ist ein geräumiger Friedhof
IM PARK DIE PAPPELN SCHWIRRN
WER HAUST IN MEINER STIRN

Als das Jugendkommuniqué diskutiert wurde
In den Werkhallen und in den Hörsälen
In den Tanzcafés und auf den Sportplätzen
Auf den Baufeldern und auf den Rübenäckern
In den Laboratorien der Chemie von morgen
Und in den Schlupfwinkeln der Bürokratie
Zwischen Oder und Elbe, aber an Rhein und Ruhr auch
Machten die Zeitungen und Radiostationen
Unserer Freunde aus dem wilden Westen
Die Entdeckung, das Jugendkommuniqué ist Papier
Und Papier bleibt Papier, weil Persil Persil bleibt
Nach den ewigen Gesetzen des freien Marktes
Der die freie Presse aushält
Mit dem Inseratenteil:
    Der Beste in seiner Haut
    Ist jedermann
    Solang er sich verkleiden kann
    Nach der Mode versteht sich
    Dem nackten Mann baut
    Der Schneider keinen Sakko
    In Bonn, in Saigon, in Monaco
    Das Karussell das dreht sich
Denn zum Fressen gern
Haben in Bonn die Herrn
Unsern nicht existierenden
Viel produzierenden
Arbeiter-Bauern-Staat
Und sie hätten gern parat
Atomares Besteck
Kommt Zeit, kommt Rat
    Besser gesucht als gefunden
    Wir sind mit der Freiheit gebunden.
    Wir lassen jeden reden

Wir reden gegen jeden
Unser Ohr hat Gewicht
Eine Stimme haben wir nicht
Wir sind mit der Freiheit gebunden
Besser gesucht als gefunden
usw.

1964 im Mai kam mit Sonderzügen
Das Papier nach Berlin, sein Fest zu feiern
Zwischen Arbeit und Arbeit. Und das Fest war
Lang drei Tage und drei Nächte, so viel
Hatten gelernt und geleistet die 500 000
Hausherrn von morgen. Die neuen Tänze
Taten den neuen Technologien keinen Abbruch
Und das neue Denken den alten Gefühlen nicht
Denen der Frühling grün ist auch in diesem Jahr.
Und die Gäste der Hauptstadt empfingen ihre Gäste
Aus dem Staat der Monopole
Wo die Gäste in den Wirtshäusern
Das Maß halten sollen damit der Wirt saufen kann
Und ihre Taschen ausleeren zugleich
Und die Jugend konnte mit der Jugend reden
Arbeiter mit Arbeitern, Bauern mit Bauern
Seht das haben wir erreicht
In unserem Staat wo keiner der letzte ist
Sondern auf seinem Platz jeder der erste.

Und sie fuhren zurück in die tägliche Arbeit
Das Jahrhundert wird aus Minuten gemacht
Wußten genauer als vorher, wem die Stunde schlägt
Und lauter als vorher
Redeten sie ihre Zukunft mit Genosse an.

KINDHEIT

Der die Katze hielt unter den Messern der Spielkameraden,
war ich.
Ich warf den siebenten Stein nach dem Schwalbennest, und
der siebente war der, der traf.
Wenn der Mond stand weiß gegen das Fenster der Kammer,
im Schlaf
War ich ein Jäger, von Wölfen gejagt, mit Wölfen allein.
Einschlafend hörte ich in den Ställen die Pferde schrein.

E. L.

Du kamst wie eine Prinzessin übers Meer
Nach Dänemark verschlagen auf der Flucht aus Danzig
Im U-Bootgejagten von Bombern besuchten Transportschiff.
Es war wie eine Tempelschändung, als du
Eine Brille aufgesetzt hast neben mir im Kino

Bäume wildwachsend Wurzeln im Uferschlamm
Schilf grün

DER LORD
LÄSST SICH ENTSCHULDIGEN er nimmt den Frühzug
Bei Schiller weiß man wenigstens wann Schluß ist

AUF BALD beide wissend auf nie

EXCUSE ME MADAM

DU BIST GEGANGEN DIE UHREN
Schlagen mein Herz Wann kommst du

GESTERN HABE ICH ANGEFANGEN
Dich zu töten mein Herz
Jetzt liebe ich
Deinen Leichnam
Wenn ich tot bin
Wird mein Staub nach dir schrein

STELLASONETT

Fünf Akte lang, geehrtes Publikum
Haben Sie zugeschaut, wir hoffen, gern
Wie sich zwei Damen drehn um einen Herrn
Bis endlich eins aus drei wird, grad aus krumm
Durch Liebe. Wen das Resultat geniert
Wird auch bedient: Weil schön ist, was sein muß
Schrieb Herr von Goethe einen andern Schluß
Den, wie gewohnt, das Einmaleins regiert.
Was Liebe kann: drei Herzen glühn in eins
Kann Gift und Blei vermittels Subtraktion
Mit Schrecken triumphiert der gute Ton
Denn Zahl sticht Herz, das Reich des schönen Scheins
Hat keinen Grund in einem Bürgerhaus
Beruhigt auf zwei Tote schneit Applaus.

MEDEASPIEL

Ein Bett wird vom Schnürboden heruntergelassen und hoch-
kant aufgestellt. Zwei weibliche Figuren mit Totenmasken
bringen ein Mädchen auf die Bühne und stellen es mit dem
Rücken zum Bett auf. Einkleidung der Braut. Mit dem
Gürtel des Brautkleids wird sie an das Bett gebunden.
Zwei männliche Figuren mit Totenmasken bringen den
Bräutigam und placieren ihn mit dem Gesicht zur Braut.
Er steht kopf, geht auf den Händen, schlägt Rad vor ihr usw.;
sie lacht lautlos. Er zerreißt das Brautkleid und nimmt seinen
Platz an der Braut ein. Projektion: Geschlechtsakt. Mit den
Fetzen des Brautkleids fesseln die männlichen Totenmasken
die Hände und die weiblichen Totenmasken die Füße der
Braut an das Bett. Der Rest dient als Knebel. Während der
Mann vor den (weiblichen) Zuschauern kopfsteht, auf den
Händen geht, Rad schlägt usw., schwillt der Bauch der Frau
an, bis er platzt. Projektion: Geburtsakt. Die weiblichen
Totenmasken holen der Frau ein Kind aus dem Bauch, lösen
ihre Handfesseln, legen ihr das Kind auf die Arme. Gleichzeitig haben die männlichen Totenmasken den Mann so mit
Waffen behängt, daß er sich nur noch auf allen Vieren
fortbewegen kann. Projektion: Tötungsakt. Die Frau nimmt
ihr Gesicht ab, zerreißt das Kind und wirft die Teile in die
Richtung des Mannes. Aus dem Schnürboden fallen Trümmer Gliedmaßen Eingeweide auf den Mann.

FAHRT NACH PLOVDIV. Straße der Kreuzfahrer.
Mariza. Hier wurde Orpheus zerrissen
Von den thrakischen Weibern mit dem Pflug.
Flußab trieb sein singender Schädel. Der Fluß
Hat kein Wasser mehr. Auch Flüsse sterben.
Über thrakischem Grabhügel drei Gräber
Mit dem roten Stern. Der Kommunismus:
Befreier der Lebendigen und der Toten.
Plovdiv. Trimontium. Philippopolis.
Auf drei Hügeln drei Jahrtausende.
Geschichte: hungriger Leichnam. Gestern
Das mit der Liebe des Vampirs nach Morgen greift.
(Wer war Orpheus. In seinem Lied kein
Platz für einen Pflug.) Alexander der Große
Sohn Philipps, den in Plovdiv keine Straße nennt
Konnte den gordischen Knoten nicht lösen.
Zerhaun kann ihn jeder, der nichts gelernt hat.
Glücklich das Volk, das seine Toten begräbt
Kalt gegen die Umarmung aus den Gräbern.
Ruhm den Helden. Dem Staub keine Träne.

In Vietnam werden die Zeitungen
Unter der Erde gedruckt
In Vinh Linh ein Drucker
Gebraucht für seine unterirdische Arbeit
Während andere neben ihm eine Maschine bedienen
Einen Geschoßmantel mit der Aufschrift
US-NAVY
Nach dem Grund gefragt antwortet er:
DIESER KRIEG WIRD DAUERN VIELLEICHT
BIS ZUM ENDE DER KRIEGE TIEFER VIELLEICHT
WERDEN WIR EINGRABEN MÜSSEN IN UNSEREN
                                    BODEN UNS
IHN ZU BEHALTEN UNSRE NOTWENDIGE ZEITUNG
                                    ZU DRUCKEN
IN DER GRÖSSEREN TIEFE WERDEN WIR VIELLEICHT
KEINE MASCHINE MEHR HABEN UND KEINEN
PLATZ FÜR EINE MASCHINE
DIESES EINFACHE WERKZEUG
WIRD DER FEIND UNS LIEFERN
BIS ER VERSCHWUNDEN IST:

(nach Joris Ivens)

1959 ... aus dem Nachlaß

Schlaf, Wölfchen, schlaf
Wölfchen kriegt ein Schaf
Vater hängt im Baum
Kindchen kriegt die Pflaum.

Ich kann dir die Welt nicht zu Füßen legen
Sie gehört mir nicht. Ich werde dir keinen Stern
Pflücken:
Ich habe kein Geld für Blumen und keine Zeit
Verse zu machen nur für dich: mein Leben
Wird so und so zu knapp sein für ein ganzes.
Wenn ich dir sage: für dich werd ich alles tun
Werde ich dir eine Lüge sagen. (Du weißt es)
Ich liebe dich mit meiner ganzen Liebe.

Du Brunnen, der mich tränkt und durstig macht
In deinem Spiegel mein Gesicht: verlorn
Wenn ich draus trink, und wieder neu geborn.
Du Sonne, die mich ausbrennt in der Nacht.

FÜR W. BIERMANN

In seiner kleinsten Größe überwand
Der Denkende den Sturm. Dann kam die Flaute.
In seiner größten Größe überwand
Der Denkende die Flaute. (Ausgelöscht
Wird wer sich klein macht. Wer sich groß macht wird
Vielleicht auch ausgelöscht. Vielleicht heißt Hoffnung.)
Klein im Vormarsch
Gegen das Unumgängliche:
Wind, der ihn
Anfällt.
Sich aufrichtend am Ziel
zu seiner Größe.

Im vergeblichen Wettlauf mit seinen
Erfindungen
Der Erfinder der schnellen Fahrzeuge.

DIE AGITATION (1963)

Im Stahlwerk R. bin ich Kokillenmann
Ich sagte: Was geht mich die Wirtschaft an
Die kommt ohne mich auf den grünen Zweig.
Gestatten Sie, daß ich Ihnen meinen Arbeitsplatz zeig.
(EINE THEKE WIRD HERANGEFAHREN)
Bitte, Kollegen: was war, ist vorbei.
Mein Arbeitsplatz ist die Gießerei.
Jetzt fragen Sie sich: Bin ich blau oder ists der?
Wenn es Sie beruhigt: Bei mir ists lange her.
Ein Spaß von der Technik. – Kollegen, was war, ist vorbei.
(DIE THEKE WIRD AB- UND EINE GIESSHALLE WIRD
                                    HERANGEFAHREN)
Wer hat keinen Fleck auf den Kaderpapieren?
Man darf nur seinen Kopf nicht verlieren.
Davon bin ich der lebendige Beweis.
Hitze macht Durst und meine Arbeit ist heiß.
An jedem Lohntag hab ich mir verschrieben
Meine vierzig Prozente. Die Folgen sind nicht ausgeblieben.
Und wenn das Fleisch untern Tisch fällt und die Wurst
Geht aus und die Kinder wolln radfahrn und müssen laufen
Geht man sich natürlich wieder besaufen
Und vom Saufen kriegt man natürlich wieder Durst.
Nicht zu reden von manchen Agitatoren
Die lagen mir mit der Moral in den Ohren
Bis ich nicht mehr wußte, was vorn und was hinten ist
Und hab wieder meine eigene Fahne gehißt
Und nahm mich selber mit Macht ins Gebet
Bis ich wieder merkte, daß sich der Globus dreht.
Ich hab, das ist kein Gerücht aus dem falschen Kanal
Mehr Schnaps in meine Kehle gegossen als Stahl
In meine Kokillen im verflossenen Jahr
Es stand in der Zeitung und ist wahr.

Sie werden nicht glauben, wie schwer meine Lohntüte wiegt
Den Sakko beult sie mir aus. Aber ich kann mir zwei Smokings
kaufen.
Und Sie denken jetzt, daß man für Saufen
Im Stahlwerk neuerdings Prämien kriegt.
Meine Prämie, Kollegen, ist mein Profit
Aus dem, was ich in meine Kokillen schütt.
Der Stahl zahlt aus, der Schnaps sagt: zahl
Das ist der Unterschied zwischen Schnaps und Stahl.
Von selber wär ich so bald nicht drauf gekommen
Die Brigade hat mich in den Griff genommen.
Die wußten: was einen Mann schafft, ist die Frau
Sie kamen zu mir im Schneesturm nach Röderau
An einem Sonntag zwischen früh und zehn
Ich konnte grad erst auf den Beinen stehn
Saßen an meinem Tisch und in sie hinein
Goß meine Frau meinen Kaffee. Sie war ganz Ohr
Für die Predigt. Und sie rechneten vor
Auf meiner Zeitung mit langen Zahlenreihn
Drei Tonnen Stahl hätte ich durch die Gurgel gejagt
Drei Kühlschränke, eine Waschmaschine und einen Trabant.
Und meine Frau rechnete nach auf den Zeitungsrand.
Eins kommt zum andern, das hat sie immer gesagt
Und sie schrieb einen Zentner Kaffee dazu
Den Klempner und Nahtlose und Kinderschuh
Einen Staubsauger hat sie noch draufgeschlagen.
Das war zu viel für meinen Magen.
Drei Stunden dauerte die Kesselschlacht.
In der vierten hab ich einen Ausfall gemacht:
Kollegen, eh euch der Hals trocken wird
Vom Kaffee und weil es sich besser agitiert
Mit einer Flasche, geh ich in den Keller und bin gleich zurück.
Die Antwort war Nein und ein schräger Blick
Aus acht Augen und: Der Kaffee schmeckt

Die Heuchler wurden nicht einmal rot dabei
Und Schnaps trinken wir wieder am ersten Mai
Und der Kessel war zu. Da hab ich die Waffen gestreckt.
Am blauen Montag sah ich hinter der Gießerei
Den roten Himmel als erster. Ich wurde nicht rot dabei.
Und als der Meister die Brigade zählt
Hat von meinen Agitatoren einer gefehlt.
Da fragte ich: Ist heute der Erste Mai?
Der hat den alten Kalender. Dem bring ichs bei.

EPITAPH GUEVARA

Jetzt weißt du alles, Che
Die Kehren der Sierra
Das Asthma auf dem kalten Gras
Die Tribüne
Den Wellenschlag in der Nacht
Und wie man Obst baut
Und die Joche.
Und den Tod, Che.

Der Prediger gegen die Gewalt ist ermordet worden.
Die Stimme des Gewaltlosen ist erstickt worden mit seinem
                                                                            Blut.
Gegen Gewalt hilft Gewalt, sagt sein Schweigen.
Er war die Glocke, die zum Frieden rief am Vorabend der
                                                                    Schlacht.
Er wird ein Schwert sein in den Kämpfen, die kommen werden
In den Händen der Müllarbeiter von Memphis, Washington,
                                            Detroit, Chikago, New York
Und der Bauern von Vietnam.

ABSCHIED VON HEMINGWAY; SOFIA 1969

Restaurant in der Vorstadt. Davor der Besitzer
Alter Chirurg, zwanzig Jahre in Deutschland. Von dort
Hat er sich eine Frau mitgebracht. Sie ist fleißig
Eine trockene Deutsche, rennt herum
Füttert die Hühner. Er trinkt Bier.
                                        Sein Haar
Grau vor einem Jahr, ist weiß geworden.
Manche Dinge kommen wieder und manche nicht.
Für die Touristen sieht er wie Hemingway aus.
Im Herzen ein totes Deutschland, sitzt er
Unter der Sonne wie ein alter Schnee.
Wenn er seine Augen aufheben würde
Manchmal über sein Bierglas, könnte er
Die Stadt nach ihm greifen sehen, die große
Schweißtrinkerin, und nach der alten
Landschaft, die das Blut getrunken hat
Der Söhne des Volkes und seiner Feinde, die Hauptstadt
Die immer gewachsen ist und noch wächst, schnell
Wie Gras, das neue Sofia mit dem Schwung
Der Spartakiaden, Beton gegen Melancholie.
Aber er hebt seine Augen nicht auf
Über sein Bierglas, ein alter Mann ohne Meer.
Mit seinem Traumfisch, er sucht ihn am Boden des Glases
Aus dem er sein Bier trinkt, spielen die Kinder.

1969...

LENIN-LIED

Immer vor uns seine Stimme
Lenins lebendiges Wort
Seine Arbeit, wir führen
Hier und heute sie fort:
      Das alte Spiel ist ausgespielt
      Rote Armeen, ein Schwert ein Schild
      Sie schützen unsre Macht.

Immer vor uns seine Stimme
Lenins lebendiges Wort
Seine Arbeit, wir führen
Hier und heute sie fort:
      Kein Mensch ist eines andern Knecht
      Das Recht ist Pflicht und Pflicht ist Recht
      In unsrer Republik.

Immer vor uns seine Stimme
Lenins lebendiges Wort
Seine Arbeit, wir führen
Hier und heute sie fort:
      Verdoppelt eins des andern Kraft
      Arbeitermacht und Wissenschaft
      Wird morgen heute schon.

Immer vor uns seine Stimme
Lenins lebendiges Wort
Seine Arbeit, wir führen
Hier und heute sie fort:
      Es wächst sein Werk, die Sowjetmacht
      Es wächst in jeder Klassenschlacht
      Die Einheit der Partei.

Immer vor uns seine Stimme
Lenins lebendiges Wort
Seine Arbeit, wir führen
Hier und heute sie fort:
      Die Welt war alt, die Zeit war lang:
      Seit Lenin gehn sie unsern Gang
      Im Schritt der Revolution.

ELEKTRATEXT

Tantalos, König in Phrygien, raubt die Speise der Götter, schlachtet Pelops, seinen Sohn, setzt ihn den Göttern vor. Die Götter erkennen die Mahlzeit, nur Demeter ißt von einer Schulter. So bestrafen sie den Raub: Tantalos hängt an einem Obstbaum, der unter einem schwebenden Felsen in der dreifach ummauerten Mitte des Hades aus einem Teich wächst, in ewigem Hunger zwischen den Früchten, Durst über dem Wasser, Angst unter dem Stein. Die Götter verfluchen sein Geschlecht. Niobe, Tochter des Tantalos, hat zwölf Kinder. Sie prahlt vor den Göttern mit ihrer Fruchtbarkeit. Apollon und Artemis töten die zwölf Kinder mit zwölf Pfeilen. Zeus verwandelt die schreiende Mutter in ihr eigenes Standbild. Im Frühsommer weint der Stein. Thyestes, Sohn des Pelops, bricht die Ehe seines Bruders Atreus. Atreus erschlägt die Söhne seines Bruders und bewirtet ihn mit ihrem Blut und Fleisch. Thyestes tut seiner eigenen Tochter Gewalt an. Ihr Sohn Aigisthos tötet Atreus. Agamemnon, Sohn des Atreus, nimmt Klytaimnestra zur Frau, sein Bruder Menelaos ihre Schwester Helena. Helena wird von Paris verführt, folgt ihm nach Troja, der Trojanische Krieg beginnt. Zum ersten Kriegsopfer bestimmt ein Seherspruch Iphigenie, Tochter Agamemnons und der Klytaimnestra. Klytaimnestra widersetzt sich, Agamemnon gehorcht, Iphigenie legt ihren Hals unter das Beil. Klytaimnestra teilt mit Aigisthos, dem Sohn des Thyestes und Mörder des Atreus, Macht und Bett. Klytaimnestra und Aigisthos töten Agamemnon, nach seiner Heimkehr aus zehn Jahren Krieg, im Bad mit Netz Schwert Beil. Elektra, zweite Tochter Agamemnons, rettet Orestes, ihren Bruder, vor dem Schwert des Aigisthos und schickt ihn nach Phokis. Zwanzig Jahre lang, Magd unter Mägden im Palast der Mutter, wartet sie auf seine Heimkehr. Zwanzig Jahre lang träumt Klytaimnestra den gleichen Traum: eine Schlange saugt Milch und

197

Blut aus ihren Brüsten. Im zwanzigsten Jahr kehrt Orestes heim nach Mykene, erschlägt Aigisthos mit dem Opferbeil, nach ihm seine Mutter, die mit entblößten Brüsten vor ihm steht und um ihr Leben schreit.

PROJEKTION 1975

Wo ist der Morgen den wir gestern sahn

Der frühe Vogel singt die ganze Nacht
Im roten Mantel geht der Morgen durch
Den Tau der scheint von seinem Gang wie Blut

Ich lese, was ich vor drei, fünf, zwanzig Jahren geschrieben habe, wie den Text eines toten Autors, aus einer Zeit, als ein Tod noch in den Vers paßte. Die Mörder haben aufgehört, ihre Opfer zu skandieren. Ich erinnere mich an meinen ersten Versuch, ein Stück zu schreiben. Der Text ist in den Nachkriegswirren verlorengegangen. Es begann damit, daß der (jugendliche) Held vor dem Spiegel stand und herauszufinden versuchte, welche Straßen die Würmer durch sein Fleisch gehen würden. Am Ende stand er im Keller und schnitt seinen Vater auf. Im Jahrhundert des Orest und der Elektra, das heraufkommt, wird Ödipus eine Komödie sein.

GESTERN AN EINEM SONNIGEN NACHMITTAG
Als ich durch die tote Stadt Berlin fuhr
Heimgekehrt aus irgend einem Ausland
Hatte ich zum erstenmal das Bedürfnis
Meine Frau auszugraben aus ihrem Friedhof
Zwei Schaufeln voll habe ich selbst auf sie geworfen
Und nachzusehen was von ihr noch daliegt
Knochen die ich nie gesehen habe
Ihren Schädel in der Hand zu halten
Und mir vorzustellen was ihr Gesicht war
Hinter den Masken die sie getragen hat
Durch die tote Stadt Berlin und andere Städte
Als er bekleidet war mit ihrem Fleisch.

Ich habe dem Bedürfnis nicht nachgegeben
Aus Angst vor der Polizei und dem Klatsch meiner Freunde.

ALLEIN MIT DIESEN LEIBERN
Staaten Utopien
Gras wächst
Auf den Gleisen
Die Wörter verfaulen
Auf dem Papier
Die Augen der Frauen
Werden kälter
Abschied von morgen
STATUS QUO

BEIM WIEDERLESEN VON ALEXANDER FADEJEWS
DIE NEUNZEHN
In einer Nacht mit Wodka DER HIMMEL VOLL MADEN
Schreibt er sein Bild fest mit dem Revolver im Blitzlicht
Des letzten Parteitags als die Denkmäler bluten

Der Reisende Shakespeare
    Shakespeare the tourist
Von Stratford nach Stratford
    From Stratford to Stratford
Via London
    Via London
Im Herzschlag die Gier der Epoche
    In his heartbeat the greed of the epoch
Im Blut eine spätere
    In his blood a tiredness
Müdigkeit
    To come
Ein Griff nach der Sonne
    A grip for the sun
Ein Sprung in den Schatten
    A jump into shadow

1969 ... aus dem Nachlaß

1.

GROSSES WURDE VOLLBRACHT

>Mit der Kraft des Volkes und zum Wohle des Volkes
>Im Bruderbund mit der Sowjetunion

NIEMALS WURDE SO VIEL GETAN

>in der Gemeinschaft der sozialistischen Staaten
>Für Frieden und Sicherheit
>Für die Freiheit der Völker

VIELES BLEIBT ZU TUN

>auf kommunistische Weise
>Jahr für Jahr

2.

WIR VERGESSEN NICHT

>Der Frieden für die Völker unseres Kontinents ist schwer
>errungen
>Der Imperialismus hat sein Wesen nicht verändert
>Der Frieden wird uns nicht geschenkt

WIR VERGESSEN NICHT

>Die Verbundenheit mit allen Kämpfern für Demokratie
>und Fortschritt in der Welt des Kapitals

WIR VERGESSEN NICHT

>Jeder Erfolg des Sozialismus ist ein Beitrag für die große
>weltrevolutionäre Bewegung unserer Zeit

3.

UNSER KAMPFBUND IST GESCHLOSSEN
HEUTE KANN JEDER ERKENNEN: DER IMPERIALISMUS
IST IN DER DEFENSIVE DER FORTSCHRITT IST AUF DEM
VORMARSCH
DURCH DIE EXISTENZ DER MÄCHTIGEN
GEMEINSCHAFT DER SOZIALISTISCHEN STAATEN

MIT DER KRAFT DER ARBEITERKLASSE DER GENOSSEN-
SCHAFTSBAUERN DER SOZIALISTISCHEN INTELLIGENZ
MIT DER KRAFT DES GANZEN VOLKES
AUS DER GEGENWART DES SOZIALISMUS
IN DIE ZUKUNFT DES KOMMUNISMUS

1979 · · ·

BRUCHSTÜCK FÜR LUIGI NONO

DAS GRAS NOCH
MÜSSEN WIR
AUSREISSEN DAMIT
ES GRÜN BLEIBT

In Auschwitz
Die Nagelspur
Mann über Frau
Über Kind

Die zerbrochnen Gesänge

Der Kirchenchor
Der Maschinengewehre

Gesang
Der zerschnittenen
Stimmbänder Marsyas
Gegen Apoll
Im Steinbruch der Völker

Das Fleisch der Instrumente

Welt ohne Hammer und Nagel

Unerhört

Ich bin der Engel der Verzweiflung. Mit meinen Händen teile ich den Rausch aus, die Betäubung, das Vergessen, Lust und Qual der Leiber. Meine Rede ist das Schweigen, mein Gesang der Schrei. Im Schatten meiner Flügel wohnt der Schrecken. Meine Hoffnung ist der letzte Atem. Meine Hoffnung ist die erste Schlacht. Ich bin das Messer mit dem der Tote seinen Sarg aufsprengt. Ich bin der sein wird. Mein Flug ist der Aufstand, mein Himmel der Abgrund von morgen.

NACHTZUG BERLINFRIEDRICHSTRASSE

FRANKFURTMAIN

Nach der Fahrt durch die lichtlose Heimat der Haß auf die

Lampen.

Daß die Leiche so bunt ist! ICH BIN DER TOD KOMM

AUS ASIEN

Bei der Vorbeifahrt am Schloßpark Charlottenburg plötzlich
die Trauer
GRÜN IST DIE FARBE DES UNHEILS Die Bäume gehören
den Toten

MANCHMAL WENN ICH MEINE PRIVILEGIEN GENIESSE
Zum Beispiel im Flugzeug Whisky von Frankfurt nach
                              (West)Berlin
Überfällt mich was die Idioten vom SPIEGEL meine
Wütende Liebe zu meinem Land nennen
Wild wie die Umarmung einer totgeglaubten
Herzkönigin am Jüngsten Tag

ZAHNFÄULE IN PARIS

Etwas frißt an mir

Ich rauche zu viel
Ich trinke zu viel

Ich sterbe zu langsam

FRAGMENTARISCHER BRIEF AN EINE VERLORENE LIEBE

Städte Landschaften mit Trauer besetzt:
Ich kann sie nicht mehr sehn mit deinen Augen
...
You were breasts thighs buttocks no name
Du wirst Knochen sein Staub kein Erinnern

DAYS WITH OLJA AND THINGS LIKE THAT

a girl with naked breasts
on a motorcycle
hiding their beauty
at the back of her young driver
I would have liked to see them
in full blossom long ago
that I looked at flowers
only the wind now
probes my aging skin

Eine Nacht in der Ägäis
Auf dem Boot zwischen den Inseln
Mit Vollmond vielleicht und einem letzten
Sprung in die schwarze See

and the violet streaks on the mountains
from the blood of the forlorn gods

BRIEF AN A. S.

. . .

Jetzt sind Sie tot Anna Seghers
Was immer das heißen mag
Ihr Platz wo Penelope schläft
Im Arm unabweislicher Freier
Aber die toten Mädchen hängen an der Leine auf Ithaka
Von Himmel geschwärzt in den Augen die Schnäbel
Während Odysseus die Brandung pflügt
Im Rücken Gelächter
Am Bug von Atlantis

KULTURPOLITIK NACH BORIS DJACENKO

Boris Djacenko sagte mir Nach dem Verbot
Meines Romans HERZ UND ASCHE Teil zwei
In dem zum erstenmal beschrieben wurden
Die Schrecken der Befreiung durch die ROTE ARMEE
Lud mein Zensor mich zu einem privaten Gespräch ein
Und der beamtete Leser zeigte mir stolz das verbotne
Typoskript in kostbares Leder gebunden SO
LIEBE ICH DEIN BUCH DAS ICH VERBIETEN MUSSTE
IM INTERESSE DU WEISST ES UNSRER GEMEINSAMEN
SACHE

In der Zukunft sagte Boris Djacenko
Werden die verbotnen Bücher gebunden werden
IM INTERESSE DU WEISST ES UNSRER GEMEINSAMEN
SACHE
In Leder gegerbt aus den Häuten der Schreiber
Halten wir unsre Häute intakt sagte Boris Djacenko
Damit unsre Bücher in haltbarem Einband
Überdauern die Zeit der beamteten Leser

WIEDERSEHN MIT DER BÖSEN COUSINE
Die mein Spielzeug zerbrach hinter dem Rücken
ZEIG HER und ich zeigte es ihr und sie nahm es
Und ich hörte es knacken zwischen den Wurstfingern
Sah ihr nicht zu vergessendes Lächeln Heute noch
Das Knacken im Ohr vor Augen das nicht zu vergessende Lächeln
Rede ich schlecht über das was ich liebe aus Vorsicht
Jetzt sitzt sie vor mir und weiß von nichts
Der Schrecken ist kalt geworden Fleisch und Fett
Alltag Kindergeschrei Der Müll der Gattung

1979 ... aus dem Nachlaß

ABSCHIEDE

1
Du bist gegangen Die Uhren
Schlagen mein Herz Wann kommst du

2
Gestern habe ich angefangen
Dich zu töten mein Herz
Jetzt liebe ich deinen Leichnam
Wenn ich tot bin
Wird mein Staub nach dir schrein

3
Städte Landschaften mit Trauer besetzt
Ich kann sie nicht mehr sehn mit deinen Augen
YOU WERE BREASTS THIGHS BUTTOCKS NO NAME
Du wirst Knochen sein Staub kein Erinnern

4
FASS MICH NICHT AN
Die Stunde wenn das Herz stirbt

5
Vor meinem Balkon schrein die Vögel
Sie wissen von Nichts Ich
Warum sollte Ich schrein alt
Sechzig und ein Jahr Ich weiß alles

Delphi: zwischen mir und den Göttern
Schreit auf der Suche nach Beute ein Tier

TORSO

Die Brüste deine Augen sehn mich an
Wie lang halt ICH den Blick aus ROSENKNOSPEN
Wann stürzt dein Torso mich in deinen Steinbruch
Zu deinen Trümmern Haupt und Armen Händen

Du wirst immer
Für mich da sein
Sagst du
Du wirst immer
Gegen mich da sein
Eine Wunde
Die der Tod
Vernarbt

1989 . . .

Leichter Regen auf leichtem Staub
Die Weiden im Gasthof
Werden grün werden und grün
Aber du Herr solltest Wein trinken vor deinem Abschied
Denn du wirst keine Freunde haben
Wenn du kommst an die Tore von Go

(für Erich Honecker nach Ezra Pound und Rihaku)

FERNSEHEN

Margarita says my father
Was Howard Hughes a member
Of the $\frac{next}{last}$ *Generation*
Which doesnt move its ass
From the tv-chair because
Outside lives man the beast
On the screen at least
It is flat and doesnt watch you

1 GEOGRAFIE
Gegenüber der HALLE DES VOLKES
Das Denkmal der toten Indianer
Auf dem PLATZ DES HIMMLISCHEN FRIEDENS
Die Panzerspur
2 DAILY NEWS NACH BRECHT 1989
Die ausgerissenen Fingernägel des Janos Kadar
Der die Panzer gegen sein Volk rief als es anfing
Seine Genossen Folterer an den Füßen aufzuhängen
Sein Sterben als der verratene Imre Nagy
Ausgegraben wurde oder der Rest von ihm
BONES AND SHOES das Fernsehn war dabei
Verscharrt mit dem Gesicht zur Erde 1956
WIR DIE DEN BODEN BEREITEN WOLLTEN
FÜR FREUNDLICHKEIT
Wieviel Erde werden wir fressen müssen
Mit dem Blutgeschmack unserer Opfer
Auf dem Weg in die bessere Zukunft
Oder in keine wenn wir sie ausspein
3 SELBSTKRITIK
Meine Herausgeber wühlen in alten Texten
Manchmal wenn ich sie lese überläuft es mich kalt Das
Habe ich geschrieben IM BESITZ DER WAHRHEIT
Sechzig Jahre vor meinem mutmaßlichen Tod

Auf dem Bildschirm sehe ich meine Landsleute
Mit Händen und Füßen abstimmen gegen die Wahrheit
Die vor vierzig Jahren mein Besitz war
Welches Grab schützt mich vor meiner Jugend

4 FÜR GUNTER RAMBOW 1990

Im Fernsehn die Verhaftung Erich Honeckers nach der Krebsoperation am Tor der Charité. Ein alter Mann, gezeichnet von sechzehn Jahren Macht, die seinen Verstand überfordert und seinen Charakter, ausgehöhlt von zehn Jahren Haft im Zuchthaus Brandenburg, zermürbt hat, trauriger Beleg für Jüngers These von der wachsenden Disproportion zwischen dem Format der Akteure und ihrem Aktionsradius in der neueren Geschichte, von seinen Kreaturen jetzt dem Volkszorn als Sündenbock präsentiert. (Inzwischen hat ihn die Kirche aufgenommen, eine alte Macht, die nur noch nach den Seelen greift, nicht mehr nach den Körpern.) Ich sehe die Bilder und denke an Rambows Theaterplakate in Frankfurt, Hauptstadt der Banken und der Prostitution und, eine kurze Zeit lang, des politischen Theaters in der Bundesrepublik. ANTIGONE: Hölderlins republikanischer Stuhl, brennend auf dem Scheiterhaufen der Restauration. GUNDLING: die zerrissne Figur des zweigeschlechtlichen stürzenden Ikarus LessingKleistFriedrichderGroße, links oben flatternd das NEUE DEUTSCHLAND, eine Zeitung ohne Leser, verlorenes Bramsegel der sozialistischen Todgeburt. HAMLETMASCHINE: der Hamletdarsteller ohne Gesicht im Rücken eine Mauer, sein Gesicht eine Gefängniswand. Bilder, die keine Aufführung einholen konnte. Wegmarken durch den Sumpf, der sich schon damals zu schließen begann über dem vorläufigen Grab der Utopie, die vielleicht wieder aufscheinen wird, wenn das Phantom der Marktwirtschaft, die das Gespenst des Kommunismus ablöst, den neuen Kunden seine kalte Schulter zeigt, den Befreiten das eiserne Gesicht seiner Freiheit.

1990

HERZ DER FINSTERNIS NACH JOSEPH CONRAD

Für Gregor Gysi
Schaurige Welt kapitalistische Welt
(Gottfried Benn in einem Radiogespräch mit
Johannes R. Becher 1930)

In der Valuta-Bar des Hotels METROPOL
Berlin Hauptstadt der DDR bemüht sich
Eine polnische Hure Gastarbeiterin
Um einen Greis mit Schnupfen
Zwischen den Kapiteln seines Vortrags
Über die Freiheit in den USA
Rotzt er ins Taschentuch und schreit nach dem Abfalleimer
Noch im Griff des Mitleids mit ihrem schweren Beruf
Höre ich zwei Geschäftsreisende
Bayern dem Geräusch nach
Asien verteilen: ALSO MALAYSIA TÄT MIR GFALLN
THAILAND AUCH KOREA GHÖRT DAZU
ALSO DAS KREUZSCHIENENSYSTEM FÜR DEN JEMEN
TÄT ICH NOCH PLANEN DANN
HAT SICH DIE SACHE
                      CHINA GHÖRT AUCH DAZU
CHINA IST ALS EINZIGES PROJEKT VERKAUFT WORDN
In der S-Bahn ZOOLOGISCHER GARTEN
                           FRIEDRICHSTRASSE
Habe ich zwei DDR-Bürger kennengelernt
Einer erzählt Mein Sohn drei Wochen alt
Wurde geboren mit einem Schild vor der Brust
ICH WAR AM NEUNTEN NOVEMBER IM WESTEN
Meine Tochter gleichaltrig Ich habe Zwillinge
Trägt die Aufschrift ICH AUCH
THE HORROR THE HORROR THE HORROR

SELBSTKRITIK 2 ZERBROCHNER SCHLÜSSEL

*Der Aufstand brach am 23. Oktober 1956 aus, doch er begann
schon am 6. Oktober mit der feierlichen Beisetzung von
Rajk und seinen Genossen, wo 200.000 Menschen den
Ermordeten die letzte Ehre erwiesen, aber vor allem für den
Sturz eines mörderischen Regimes demonstrierten. Nur
Vereinzelte erinnerten sich noch an den Stalinisten Rajk,
wie das einer der Demonstranten tat, der vor sich hin
flüsterte: Hätte er das erlebt, er würde in die Menge
schießen lassen ...*
(Hodos: Schauprozesse S. 250)

Blaubarts verbotne Tür Verbotner Traum
Die toten Frauen im zertanzten Raum
Das Blut vom Schlüssel wäscht kein Regen ab
Den Tod auf deiner Netzhaut deckt kein Grab
Kein Engel sprengt mit Flügeln deinen Raum
Die toten Frauen essen deinen Traum
Der letzte Beischlaf ist das Standgericht
Im Jahr der Wolfsmilch siehst du dein Gesicht

GLÜCKLOSER ENGEL 2

Zwischen Stadt und Stadt
Nach der Mauer der Abgrund
Wind an den Schultern die fremde
Hand am einsamen Fleisch
Der Engel ich höre ihn noch
Aber er hat kein Gesicht mehr als
Deines das ich nicht kenne

1991

HERAKLES 13
(nach Euripides)

1

Die dreizehnte Arbeit des Herakles war die Befreiung
Thebens von den Thebanern

2

Brandopfer lagen vor dem Herd des Zeus
Zu reinigen das Haus vom Blut des Lykos
Den er getötet hatte Herakles
Und seinen Leichnam aus dem Haus geworfen
Um den Altar standen die Kinder und
Sein Vater und Megara seine Frau
Hielten die Rede mit den Zähnen fest
Zum heiligen Opfer den unheiligen Laut
Und in der Hand das Brandscheit schweigend er
Dann plötzlich trat aus ihm ein andrer Mann
Gestalt des Herakles nicht Herakles
Sondern im Drehn der Augen ganz verändert
Mit Blut gefärbt die Wurzeln der Augäpfel
Schaum tropfend in den Bart und sprach Verrücktes
Mit einem Lachen das sein Lachen nicht war
Wozu das Opfer eh ich Vater nicht
Getötet habe den Eurystheus auch
Leicht könnt ich das ich und mit einer Hand
Das Haus geschmückt mit des Eurystheus Haupt
Will ich die Hände waschen von dem Tod
Den meine Feinde sterben werden jetzt
Gießt aus das Wasser werft die Körbe weg
Mein Weg ist nach Mykene Der Zyklopen
Sitze mit rotem Meßstab und mit Hämmern
Gefügt zerbrechen muß ich die mit dem
Gekrümmten Eisen Wer gibt meinen Bogen
Und meine Pfeile mir der Hand die Keule

Dann einen Wagen keinen Wagen er nur
Sah den bestieg er schlug die leere Luft
Wie mit dem Pferdestachel mit der Hand
Den Dienern war es ein Gelächter ein
Schrecken zugleich Sie sahn einander an
Und einer sagte Macht er Spaß für uns
Der Herr oder ist er rasend Der aber
Im Haus hinauf hinunter tappt er sagt
Er sei gekommen in des Nisos Stadt
Und legt sich auf den Boden wie zum Essen
Nicht essend In die Waldschlucht dann des Isthmos
Glaubt er zu gehn die Kleider abgeworfen
Nackt kämpft er gegen niemand einen Kampf
Ruft sich zum Sieger aus und für kein Ohr
Dann in Mykene war er mit dem Wort
Schreckliches drohend dem Eurystheus wieder
Die Hand zum Töten aufgehoben jetzt
Ergriff der Vater Sohn was leidest du
Daß du so fremd gehst Hat dich ganz verirrt
Das Töten Aber er im Wahn der Vater
Sei des Eurystheus Vater der mit Angst
Bittend berührt die Hand stößt weg den Greis
Greift in den reich geschmückten Köcher nach
Den Pfeilen für die Kinder für die eignen
Zu töten des Eurystheus Kinder glaubt er
Die Kinder rennen weg den Vater fürchtend
Das eine hier das andre dorthin Eines
In das Gewand der Mutter der glücklosen
Das andre in den Schatten einer Säule
Das dritte duckt sich unter den Altar
Wie Vögel Die Mutter schreit Erzeuger was tust du
Die Kinder willst du töten Der Vater schreit
Es schrein die Sklaven Aber um die Säule
In schrecklichem Kreislauf den Knaben treibt er

Und kehrt sich schrecklich um Der Pfeil zerreißt
Die Leber und rückwärts die steinernen
Fliesen benetzt der atmet aus das Leben
Ein Junges ist gestorben dem Eurystheus
Den Haß vom Vater büßend fällt es mir
Jetzt auf den zweiten am Altar geduckt
Im Sichern dort sich glaubend zielt der Pfeil
Den Schuß zuvor wirft sich der Sohn dem Vater
Zu Füßen hin reckt der Unglückliche
Die Hand nach Kinn und Nacken Liebster Vater
Ruft er Töte mich nicht dein bin ich dein Sohn
Nicht von Eurystheus den wirst du vernichten
Doch er sein Blick verwildert ganz zum Blick
Der Gorgo weil der Knabe nun im Inkreis
Des schrecklichen Geschosses stand schwang hoch
Als ob er Eisen schmieden will die Keule
Ließ auf den blondbewachsnen Schädel sausen
Das Holz die Knochen splitternd Das zweite Kind
Erlegt geht er das dritte Opfer an
Es auch zu schlachten zu den zwein Das aber
Hatte die Mutter schon ihr letztes Glück
Ins Haus genommen und die Tür geschlossen
Er nun als ging es gegen die Zyklopen
Stößt auf die Flügel und zerbricht die Pfosten
Die Mutter und das Kind durchbohrt ein Pfeil
Was die Geburt entzweit hat ist ein Leichnam
Im Tod verbunden mit dem Todespfeil
Dann rennt er pferdeschnell den Greis zu töten
Eine Gestalt die Lanze schwingend aber
Erschien dem Haus zu sehn und nicht zu sehn
Pallas Athene warf gegen die Brust
Ihm einen Stein der seinen Mordgang aufhielt
In Schlaf schlug ihn und auf den Boden fällt er
Den Rücken schlagend an eine Säule die

Zweimal gebrochen beim Zusammensturz
Des Hauses auf den Fliesen lag Und wir
Befreiend aus der Flucht den Fuß mit Fesseln
Banden ihn haltbar an die Säulentrümmer
Damit wenn er beendet seinen Schlaf
Er nicht zu dem Getanen andres fügt
Die Frau getötet habend und die Kinder
Er schläft der Glückverlassne einen Schlaf
Nicht glücklich Und ich weiß nun nicht ob einer
Von Sterblichen mühseliger ist als der

1991

TRAVEL-NOTES

TOKYO-OSAKA-EXPRESS

Auf dem Bahnsteig zwischen den Zügen thront
Ein junger Mann sein Reich ein Abfallkübel
Die Kleidung ist verdreckt Wahrscheinlich
Stinkt er
Sein langes Haar zum Zopf gebunden Sein
Gesicht leer keine Freude kein Schmerz
Er ist aus dem Rennen

NACHTFLUG FRANKFURT TOKYO

Stewardessen trippeln
Durch den fliegenden Sarg
Die Leichen
Schlafen
MORGEN FRÜH WENN GOTT WILL
Die Geschäfte

KLEINSTADT BEI OSAKA

Mütter stehen herum
Im Arm den Nachwuchs
Glückliche Schildkröten

Frau mit Hund. Erinnerung an einen Kriminalfall: ein griechischer Waldhüter sieht einer Frau beim Baden zu, versteckt im Gebüsch. Er hat nur Augen für die Frau, keinen Blick für die Hunde, mit denen sie spielt und die mit ihr spielen. Die Frau verwandelt ihn in einen Hirsch, ein andres Spielzeug für die Hunde. Die Frau sieht zu, wie die Hunde seine Schenkel zerreißen, den Nacken, den Bauch, sein Geschlecht. Die Frau ist nicht mehr nackt, mit seinem Blut bekleidet wie mit einem Königsmantel.

1991

AHNENBRÜHE

Tödlich der Menschheit ihre zu rasche Vermehrung
Jede zweite Geburt ein Tod zu wenig Mord ein Geschenk
Jeder Vulkan eine Hoffnung Lob den Taifunen
Nicht Jesus Herodes kannte die Wege der Welt
Die Massaker sind Investitionen in die Zukunft
Gott ist kein Mann keine Frau ist ein Virus
Krankheit die dich gewöhnt an die Demut
Des Fleisches unter dem Boden
                              Im Keuchen der Bronchien
Die Stimme des Jüngsten Gerichts
                              Im SPIEGEL Berichte
Über die weltweit wachsende Schwierigkeit
Bei der Entsorgung unsrer versickernden Reste
BLUMENDÜNGER genannt im Gedicht der Romantik
Die Toten stillten die Enkel bei Mondschein
Und von der Sonne ging keine Gefahr aus
AHNENBRÜHE von heutigen Totengräbern
Verseucht mit Medikamenten verpestet von Fortschritt
Verwüsten wir tot UNSERE Umwelt UMWELT
Was für ein Wort WIR SIND DIE STRAHLENDE MITTE
Wie anders lebt man wissend daß man ein Gift ist
Lebt man anders Braucht der Mensch den Menschen
TOD DEN ENKELN Besser wir kehrten die Zeit um
Unser Besitzstand der Tod und keine Geburt mehr

1992

NATURE MORTE

der mond war noch nicht aufgegangen
drei sollten ihn nicht mehr sehn
als ihre leiber in den ästen schwangen
stand er über den bergen schön

1992

SEIFE IN BAYREUTH

für Daniel Barenboim

Als Kind hörte ich die Erwachsenen sagen:
In den Konzentrationslagern wird aus den Juden
Seife gemacht. Seitdem konnte ich mich mit Seife
Nicht mehr anfreunden und verabscheute Seifengeruch.
Jetzt wohne ich, weil ich den TRISTAN inszeniere
In einer Neubauwohnung in der Stadt Bayreuth.
Die Wohnung ist sauber wie ich noch keine gesehen habe
Alles ist am Platz: Die Messer Die Löffel Die Gabeln
Die Töpfe Die Pfannen Die Teller Die Tassen Das Doppelbett.
Die Dusche, MADE IN GERMANY, kann Tote aufwecken.
An den Wänden Blumen- und Alpenkitsch.
Hier ist Ordnung, auch das Grün hinter dem Haus
In Ordnung, die Straße still, gegenüber die HYPOBANK.
Als ich das Fenster aufmache zum erstenmal: Seifengeruch.
Das Haus der Garten die Stadt Bayreuth riechen nach Seife.
Jetzt weiß ich, sage ich gegen die Stille
Was es heißt in der Hölle zu wohnen und
Nicht tot zu sein oder ein Mörder. Hier
Wurde AUSCHWITZ geboren im Seifengeruch.

15. 8. 1992, als in Bayreuth eine Demonstration für
Rudolf Heß verboten wurde.

KLAGE DES GESCHICHTSSCHREIBERS

Im vierten Buch der ANNALEN beklagt sich Tacitus
Über die Dauer der Friedenszeit, kaum unterbrochen
Von läppischen Grenzkriegen, mit deren Beschreibung er
Auskommen muß, voll Neid
Auf die Geschichtsschreiber vor ihm
Denen Mammutkriege zur Verfügung standen
Geführt von Kaisern, denen Rom nicht groß genug war
Unterworfene Völker, gefangene Könige
Aufstände und Staatskrisen: guter Stoff.
Und Tacitus entschuldigt sich bei seinen Lesern.
Ich meinerseits, zweitausend Jahre nach ihm
Brauche mich nicht zu entschuldigen und kann mich
Nicht beklagen über Mangel an gutem Stoff.

16. 8. 1992

GELD FÜR SPANIEN

Ein Monatsbericht der Gestapo
Leitstelle Berlin aus dem Jahr
Von Hitlers Olympiade und Francos
Spanischem Krieg teilt mit daß auf Grund von
Hinweisen aus der Bevölkerung
Ein Kommunist verhaftet werden konnte
In einem Haus am Zionskirchplatz Geld
Sammelnd für Spanien im Auftrag
Seiner verbotnen Partei Geld
Für die Reisen von Kommunisten nach Spanien
Dort zu kämpfen für die Spanische Republik
Ein Mann ohne Namen Alter Gesicht
Gefallen unbekannt in dem großen
Weltbürgerkrieg der noch dauert
Soldat in der Schattenarmee
An dem Abschnitt der Front
Auf den überall
Kein Licht fällt oder erst
Nach dem Tod der Kämpfer
Grablos verscharrt werweißwo
Sein einziges Denkmal
Ein Gestapobericht geschrieben
Mit seinem Blut in der Sprache
Seines Todfeinds die
Unsere Sprache ist Aber
Sein Feind ist unser Feind
In den dunklen Treppenhäusern
Am Zionskirchplatz
Steht das Haus noch in dem er
Verraten wurde
Hat der Krieg es zerstört gegen den er
Die Treppen hinaufstieg keuchend vielleicht

Auf der dreißigsten Stufe
(Wie alt war sein Herz wie verbraucht
Seine Lungen von Tabak oder durch Arbeit
In den Giftküchen der Industrie)
Wie ein Dieb wie ein Bettler
Wie ein Hausierer die Hoffnung
Sein Diebesgut seine Ware
Die Revolution (Wieviel Käufer
Hat er gefunden bevor ihn
Sein Tod fand)
Klopfend an bekannte Türen
Und manchmal vielleicht
Wurden sie aufgemacht von Genossen nicht mehr
Kenntlich sondern
Gezeichnet von Kapitulation
Klopfend an fremde Türen mit Angstschweiß
Und immer neu die schreckliche Erfahrung
Daß ein Gesicht ein Abgrund
Sein kann oder eine Mauer
Was wir vergesssen verraten wir Ein Gestapobericht
Sollte das einzige Denkmal nicht bleiben
Des unbekannten Hausierers der Revolution
Am Zionskirchplatz für Spanien
Der weiße Fleck sein Gesicht
Eine Narbe in unserm Gedächtnis

HERZKRANZGEFÄSS

Der Arzt zeigt mir den Film DAS IST DIE STELLE
SIE SEHEN SELBST jetzt weißt du wo Gott wohnt
Asche der Traum von sieben Meisterwerken
Drei Treppen und die Sphinx zeigt ihre Kralle
Sei froh wenn der Infarkt dich kalt erwischt
Statt daß ein Krüppel mehr die Landschaft quert
Gewitter im Gehirn Blei in den Adern
Was du nicht wissen wolltest ZEIT IST FRIST
Die Bäume auf der Heimfahrt schamlos grün

21. 8. 1992

SENECAS TOD

Was dachte Seneca (und sagte es nicht)
Als der Hauptmann von Neros Leibwache stumm
Das Todesurteil aus dem Brustpanzer zog
Gesiegelt von dem Schüler für den Lehrer
(Schreiben und Siegeln hatte er gelernt
Und die Verachtung aller Tode statt
Des eignen: goldne Regel aller Staatskunst)
Was dachte Seneca (und sagte es nicht)
Als er den Gästen und Sklaven das Weinen verbot
Die seine letzte Mahlzeit mit ihm geteilt hatten
Die Sklaven am Tischende TRÄNEN SIND
                    UNPHILOSOPHISCH
DAS VERHÄNGTE MUSS ANGENOMMEN WERDEN
UND WAS DIESEN NERO BETRIFFT DER SEINE MUTTER
UND SEINE GESCHWISTER GETÖTET HAT WARUM
                    SOLLTE ER
MIT SEINEM LEHRER EINE AUSNAHME MACHEN WARUM
VERZICHTEN AUF DAS BLUT DES PHILOSOPHEN
DER IHN DAS BLUTVERGIESSEN NICHT GELEHRT HAT
Und als er sich die Adern öffnen ließ
An seinen Armen zunächst und seiner Frau
Die seinen Tod nicht überleben wollte
Mit einem Schnitt Von einem Sklaven wahrscheinlich
Auch das Schwert auf das Brutus sich fallen ließ
Am Ende seiner republikanischen Hoffnung
Mußte von einem Sklaven gehalten werden
Was dachte Seneca (und sagte es nicht)
Während das Blut zu langsam seinen zu alten
Körper verließ und der Sklave gehorsam dem Herrn
Auch noch die Beinadern und Kniekehlen aufschlug
Gewisper mit ausgetrockneten Stimmbändern
MEINE SCHMERZEN SIND MEIN EIGENTUM

DIE FRAU INS NEBENZIMMER SCHREIBER ZU MIR
Die Hand konnte den Schreibgriffel nicht mehr halten
Aber das Gehirn arbeitete noch die Maschine
Stellte Wörter und Sätze her notierte die Schmerzen
Was dachte Seneca (und sagte es nicht)
Gelagert auf die Couch des Philosophen
Zwischen den Buchstaben seines letzten Diktats
Und als er den Becher leertrank das Gift aus Athen
Weil sein Tod auf sich warten ließ immer noch
Und das Gift das vielen geholfen hatte vor ihm
Konnte nur eine Fußnote schreiben in seinen
Schon beinahe blutleeren Leib keinen Klartext
Was dachte Seneca (sprachlos endlich)
Als er dem Tod entgegen ging im Dampfbad
Während die Luft vor seinen Augen tanzte
Die Terrasse verdunkelt von wirrem Flügelschlag
Nicht von Engeln im Säulengeflimmer beim Wiedersehn
Mit dem ersten Grashalm den er gesehen hatte
Auf einer Wiese bei Cordoba hoch wie kein Baum

August/September 1992

STERBENDER MANN MIT SPIEGEL

Puschkin sterbend
An seiner Duellwunde
Ließ sich einen Spiegel bringen
Und eine Schüssel mit Hirsebrei
WIE EIN AFFE sagte er
Löffelnd in den Spiegel

Nach menschlichem Ermessen werden wir
Einander nicht wiedersehn Wir brauchen uns
Nichts mehr vorzumachen Es kommt Wahrscheinlich
Nichts Neues mehr sondern es kommt Wahrscheinlich
Nichts Was immer das sein mag
Auch der Sprung in den Spiegel brächte uns
Einander nicht mehr näher Glas klirrt
Wie Frauen schrein

2. 10. 1992

MÜLLER IM HESSISCHEN HOF

Im Hotelrestaurant die Unschuld der Reichen
Der gelassene Blick auf den Hunger der Welt
Mein Platz ist zwischen den Stühlen Mein Traum
Die faltige Kehle der Witwe vom Nebentisch
Aufzuschneiden mit dem Messer des Kellners
Der ihr den Lammrücken vorschneidet Ich
Werde auch diese Kehle nicht aufschneiden
Mein Leben lang werd ich nichts dergleichen tun
Ich bin nicht Jesus Der das Schwert bringt Ich
Träume von Schwertern Wissend länger als ich
Wird die Ausbeutung dauern an der ich teilhabe
Länger als ich der Hunger der mich ernährt
Und die Dichter ich weiß es lügen zu viel
Villon konnte das Maul noch aufreißen
Gegen Adel und Klerus er hatte kein Bett keinen Stuhl
Und kannte die Gefängnisse von innen
Brecht schickte Ruth Berlau nach Spanien und schrieb
In Dänemark DIE GEWEHRE DER FRAU CARRAR
Gorki während er zweispännig durch Moskau fuhr
Haßte die Armut WEIL SIE ERNIEDRIGT Warum
Nur die Armen Majakowski hatte sich schon
Mit dem Revolver zum Schweigen gebracht
Die Lügen der Dichter sind aufgebraucht
Vom Grauen des Jahrhunderts An den Schaltern der Weltbank
Riecht das getrocknete Blut wie kalte Schminke
Der Schrecken der Gewalt ist ihre Blindheit
Der schlafende Penner vor ESSO SNACK&SHOP
Widerlegt die Lyrik der Revolution
Ich fahre im Taxi vorbei Ich kann es mir
Leisten Benn hatte gut reden Er hat
Mit seinen Gedichten kein Geld verdient und wäre

Krepiert ohne Haut- und Geschlechtskrankheiten
In der Nacht im Hotel ist meine Bühne
Nicht mehr aufgeschlagen Ungereimt
Kommen die Texte die Sprache verweigert den Blankvers
Vor dem Spiegel zerbrechen die Masken Kein
Schauspieler nimmt mir den Text ab Ich bin das Drama
MÜLLER SIE SIND KEIN POETISCHER GEGENSTAND
SCHREIBEN SIE PROSA Meine Scham braucht mein Gedicht

Frankfurt, 3. 10. 1992

BESUCH BEIM ÄLTEREN STAATSMANN Seine Gesundheit
Ist angegriffen der Wodka nur für die Gäste
Beim Tee seine Hände Der zögernde Griff
Nach dem Teeglas Es könnte voll Blut sein Er kennt
Die Verbrechen des Jahrhunderts Hin und her
Zwischen den geheimen Mächten 30 000
Haben die Briten in Griechenland ...
Die Amerikaner wollten de Gaulle ...
Churchill bezog ein Salair von ... Der Folterer Barbie
War der Erfinder der Barbiepuppe Die Helden des 20. Juli
Sind Märtyrer geworden weil der ...
Seine Hand aus der Operation zog Und sein Geld
Als Stauffenberg Linkshänder wurde Die Balten
Haben den Deutschen viel Arbeit erspart mit den ...
Ich habe Angst vor meinem eignen Schatten
Sagte Stalin zu Shukow 1946
Als Hitler der Treibstoff ausging begann der Golfkrieg
Und welches Volk in Europa wäre nicht glücklich
Heute mit fröhlicher Mehrheit unter dem Hakenkreuz
Der letzten Utopie des Kapitals
Wie das deutsche Volk glücklich war erstmalig
In seiner grauen Geschichte voll geografischen Unheils
In der Freiheit von Juden Zigeunern Perversen
Kommunisten Asylantenpack
Die Wälder intakt und die Wiesen Bis die Rechnung kam
Was wußte Hegel der Stümper von Politik
Aus der Geschichte lernen heißt das Nichts lernen
Politik ist DAS MACHBARE Ein Männertraum
Aus dem kein Kind schreit In allen Sprachen
Heißt die Zukunft Tod Die Hände des älteren Staatsmanns
Manchmal sieht er sie an und bewegt sie im Schweigen
Wie beim Gespräch Sein Monolog ist stumm
Mit dem Blick auf seine Hand zögernd am Teeglas
Das Vergessen macht den erfolgreichen Staatsmann
Ihre Gefühle Hatten Sie Gefühle Welche wenn ja

Bei der Vertreibung aus Ihrem letzten Büro
Gefühle Nichts fühlte ich nichts nichts nichts nur die bittere
                                                                    Leere
Beim Zuhören hinter Gerüchten Mythen Legenden
Tauchen die Nachrichten auf wird mein Blick
Auf seine Hände zum Spiegelblick Seine Trauer gerinnt
Zu meinem kälteren Text Was geht mich die Welt an Ich
Esse ihre Bilder Die Wahrheit WAHRHEIT
Ist kein Gegenstand Die Farben der Lüge sind
Mein Bier Ich verlasse den älteren Staatsmann
Seine Gestalt in der Tür gebeugt von HERRSCHAFTSWISSEN
Seinen doppelten Händedruck Mit dem erhabnen Gefühl
Daß die Welt an uns vorbeigeht und es macht nichts

21. 12. 1992

MOMMSENS BLOCK

für Felix Guattari

What authorities are there
beyond Court tittle tattle
(Mommsen zu James Bryce 1898)

Die Frage warum der große Geschichtsschreiber
Den vierten Band seiner RÖMISCHEN GESCHICHTE
Den lang erwarteten über die Kaiserzeit
Nicht geschrieben hat beschäftigt
Die Geschichtsschreiber nach ihm
Gute Gründe sind im Angebot
Überliefert in Briefen Gerüchten Vermutungen
Der Mangel an Inschriften Wer mit dem Meißel schreibt
Hat keine Handschrift Die Steine lügen nicht
Kein Verlaß auf die Literatur INTRIGEN UND
HOFKLATSCH Selbst die silbernen Fragmente
Des lakonischen Tacitus nur Lektüre für Dichter
Denen die Geschichte eine Last ist
Unerträglich ohne den Tanz der Vokale
Auf den Gräbern gegen die Schwerkraft der Toten
Und ihre Angst vor der ewigen Wiederkehr
Er mochte sie nicht die Cäsaren der Spätzeit
Nicht ihre Müdigkeit nicht ihre Laster
Er hatte genug an dem einzigen Julius
Der ihm wert war wie der eigne Grabstein
Schon CÄSARS TOD ZU SCHILDERN hatte er
Wenn er gefragt wurde nach dem ausstehenden
Vierten Band NICHT MEHR DIE LEIDENSCHAFT
Und DIE FAULENDEN JAHRHUNDERTE nach ihm
GRAU IN GRAU SCHWARZ AUF SCHWARZ Für wen
Die Grabschrift Daß der Geburtshelfer Bismarck

Zugleich der Totengräber des Reiches war
Der Nachgeburt einer falschen Depesche
Konnte geschlossen werden aus dem dritten Band
Mürbe geworden war in Charlottenburg
Zweimal täglich die Fahrt mit der Pferdebahn
Im Staub der Bücher und Handschriften vierzig
Tausend im Haus Mommsen Machstraße acht
Zwölf Kinder im Souterrain DER MUT ZUM IRRTUM
Der ZUM HISTORIKER QUALIFIZIERT ICH WEISS JETZT
LEIDER WAS ICH NICHT WEISS Zum Beispiel Warum
Zerbricht ein Weltreich Die Trümmer antworten nicht
Das Schweigen der Statuen vergoldet den Untergang
WAS WIR VERSTEHN SIND DIE INSTITUTIONEN
ABER ER IST MÜDE UND RECHT STAUBIG
Schrieb der fromme Dilthey an den Grafen York
VOM WEG AUF DEN LANDSTRASSEN DER PHIILOLOGIE
INSKRIPTIONEN UND PARTEIPOLITIK
OHNE HEIMWEH DES GEISTES NACH DEM UN-
SICHTBAREN REICH Sein Reich war das Greifbare
Im Brief an eine Tochter Frau Wilamowitz
Träumt er von einer Villa bei Neapel
Nicht um sterben zu lernen Kommt Zeit kommt Tod
Und keine Gnade EIN KÖHLERGLAUBE
FÜR GRAFEN UND BARONE das Christentum
Eine Baumkrankheit von der Wurzel her
Ein Krebs unterwandert von Nachrichtendiensten
Die zwölf Apostel zwölf Geheimagenten
Der Verräter liefert den Gottesbeweis
Und das Firmenzeichen Saulus ein kolonisierter
Bluthund spielt den Part des Sozialdemokraten
Paulus geworden durch einen Sturz vom Pferd
Und Leithammel des Unbekannten Gottes
Dem er die Schafe ins Gehege lockt
Zur Selektion Heil oder Verdammnis

Nur vor den Würmern sind die Toten gleich
Ein Polizeispitzel der erste Papst
Nur Johannes auf Patmos im Drogenqualm
Der Ketzer der Totenführer der Terrorist
Hat das Neue Tier gesehn das heraufkommt
Der Traum von Italien ist ein Traum vom Schreiben
Das Stimulans des Mondscheins auf Ruinen
Mit dem göttlichen Hochmut MEINER JUNGEN JAHRE
DER JÜNGEREN ZUMINDEST JUNG WAR ICH NIE
Was bleibt ist die GÖTTLICHE GROBHEIT A POOR
SUBSTITUTE Im Sumpf die Adler Warum das
Aufschreiben nur weil die Menge es lesen will
Daß in den Sümpfen mehr Leben ist als
In der Höhe weiß die Biologie
Wie soll man den Leuten begreiflich machen
Und wozu daß das erste Jahrzehnt unter Nero
Dem verhinderten Künstler dem blutigen
Musik wird hoch gehandelt im Niedergang
Wenn alles gesagt ist werden die Stimmen süß
Eine glückliche Zeit war für das Volk von Rom
Die glücklichste vielleicht seiner langen Geschichte
Es hatte sein Brot seine Spiele Die Massaker
Fanden in den oberen Rängen statt
Und hatten eine hohe Einschaltquote
Ein Wohnungsbrand im Haus Mommsen verursacht
Nicht durch christlichen Eifer gegen Bibliotheken
Wie vor zweitausend Jahren in Alexandria
Sondern durch eine Gasexplosion Machstraße acht
Ließ die schreckliche Hoffnung aufkommen
Der große Gelehrte habe den vierten Band
Den lang erwarteten über die Kaiserzeit
Doch geschrieben und der Text sei verbrannt
Mit dem Übrigen der Bibliothek zum Beispiel
Vierzigtausend Bände plus Handschriften

Gerettet wurde das AKADEMIEFRAGMENT
Sieben Seiten Entwurf gerahmt von Feuer
IN SPITZEN KLAMMERN DIE VERBRANNTEN WÖRTER
MOMMSENS wie die Herausgeber schreiben
Einhundertzwölf Jahre nach dem Brand
Über den Brand berichten die Zeitungen
Der Zeitungsleser Nietzsche schreibt an Peter Gast:
»Haben Sie von dem Brande in Mommsens Hause gele-
sen? Und daß seine Excerpten vernichtet sind, die
mächtigsten Vorarbeiten, die vielleicht ein jetzt lebender
Gelehrter gemacht hat? Er soll immer wieder in die
Flammen hineingestürzt sein, und man mußte endlich
gegen ihn, den mit Brandwunden bedeckten, Gewalt
anwenden. Solche Unternehmungen wie die Mommsens
müssen sehr selten sein, weil ein ungeheures Gedächtnis
und ein entsprechender Scharfsinn in der Kritik und
Ordnung eines solchen Materials selten zusammen kom-
men, vielmehr gegen einander zu arbeiten pflegen. – Als
ich die Geschichte hörte, drehte sich mir das Herz im
Leibe um, und noch jetzt leide ich physisch, wenn ich
dran denke. Ist das Mitleid? Aber was geht mich
Mommsen an? Ich bin ihm gar nicht gewogen.«
Ein Dokument aus dem Jahrhundert der Briefschreiber
Die Furcht vor der Einsamkeit versteckt im Fragezeichen
Wer ins Leere schreibt braucht keine Interpunktion
Gestatten Sie daß ich von mir rede Mommsen Professor
Größter Historiker nach Gibbon laut Toynbee
(Oder sagte er neben Die ewig nagende Furcht
Der Gepriesnen daß die Meßlatte lügt)
Im Leben wohnhaft Charlottenburg Machstraße acht
Zwei drei Seiten lang Für wen sonst schreiben wir
Als für die Toten allwissend im Staub Ein Gedanke
Der Ihnen vielleicht nicht zusagt dem Lehrer der Jugend
Das Vergessen ist ein Privileg der Toten

Immerhin haben Sie selbst die Publikation
Ihrer Kollegs per Testament verboten
Weil der Leichtsinn auf dem Katheder Verrat übt
An den Mühen des Schreibtischs Selbst die AENEIS
Wollten Sie verbrannt sehn nach dem Willen
Des gescheiterten Vergil Dem Augustus
Baumeister Roms selber zögernd vor der Vollendung
Weil sie den Abgrund verschweigt die Unsterblichkeit aufzwang
Die GÖTTLICHE KOMÖDIE wäre nicht
Geschrieben worden oder weniger dauerhaft
Ohne sein Verdikt gegen das Feuer
Und ich wollte Sie könnten Kafka lesen Professor
In Ihrer Marmorgruft auf Ihrem Sockel
Die Bomben des Zweiten Weltkriegs Sie wissen es
Haben die Machstraße nicht verschont Verschont
Wurde nicht Ihre Akademie der Wissenschaften
Vom Sturz der asiatischen Despotie Produkt
Einer falschen Lektüre und fälschlich genannt
Sozialismus nach dem großen Historiker
Des Kapitals Den Sie nicht wahrgenommen haben
Arbeiter in einem andern Steinbruch
Bevor sein Denkmal auf Ihrem Sockel stand
Einen Staat lang Der Sockel ist wieder Ihr Standort
Vor der Universität benannt nach Humboldt
Von den Machthabern einer Illusion
(Sie hatten Ihre Römische Geschichte nicht
Gelesen und Marx nicht der die Lektüre verschwiegen hat
Hätte er länger gelebt hätte man sagen können
Aus Geldneid vielleicht auf Ihren Nobelpreis der Jude)
Gefangen im Strickmuster der roten Cäsaren
Die SEINEN Text skandierten mit Soldatenstiefeln
Wie räumt man ein Minenfeld fragte Eisenhower
Sieger des Zweiten Weltkriegs einen andern
Sieger Mit den Stiefeln

Eines marschierenden Bataillons antwortete Shukow
Der GROSSE OKTOBER DER ARBEITERKLASSE besungen
Freiwillig Mit Hoffnung Oder im doppelten Würgegriff
Von zu vielen Und noch mit durchschnittener Kehle
War ein Sommergewitter im Schatten der Weltbank
Ein Mückentanz über Tatarengräbern
WHERE THE DEAD ONES WAIT
FOR THE EARTHQUAKES TO COME
Wie Ezra Pound vielleicht sagen würde der andre Vergil
Der auf den falschen Cäsar gesetzt hat gescheitert auch er
Nämlich die Gespenster schlafen nicht
Ihre bevorzugte Nahrung sind unsere Träume
Entschuldigen Sie Professor den bitteren Tonfall
Die Universität benannt nach Humboldt
Vor der Sie wieder auf Ihrem Sockel stehn
Lange nach Ihrem Tod wird freigeschaufelt
Gerade jetzt vom vermuteten Unrat des neuen
Köhlerglaubens nicht für Grafen und Barone
Gestern beim Essen in einem Nobelrestaurant
In der wieder bereinigten Hauptstadt Berlin
Blätterte ich in den Mitschriften Ihres Kollegs
Über die Römische Kaiserzeit frisch vom Buchmarkt
Zwei Helden der Neuzeit speisten am Nebentisch
Lemuren des Kapitals Wechsler und Händler
Und als ich ihrem Dialog zuhörte gierig
Nach Futter für meinen Ekel am Heute und Hier:
»Diese vier Millionen / Müssen sofort zu uns // Aber das
geht nicht // Aber das fällt gar nicht auf // Wenn Du diese
Klaviatur nicht beherrschst / Bist Du verloren Das hast Du
an X gesehn / Er hat sie nicht beherrscht // Die mußt Du
ihm / Einhämmern sonst geht er baden Schade // Also ich
habe die Befürchtung / Daß sie ihn an die Wand haun Wie
eine Qualle // Hängt er dann da Und zappelt und zappelt
// Ich halte ihn für einen guten Akquisiteur Im Vorfeld /

Aber wenns an die Knochenarbeit geht ... // Dann muß
ers in andre Hände geben // Aber dann ist die Frage Sind
unsre Hände so gut / Daß sie den Spieß umdrehn können
// Man muß ihn auf Vordermann bringen // Wir müssen
ihn kaufen für die Deutsche Bank // Den holen wir uns
selber rein / Wenn ich nur die Kneifzange habe / Das bring
ich ihm bei Dann verdient er / Wirklich Geld.«
Fünf Straßen weiter wie die Sirenen andeuten
Schlagen die Armen auf die Ärmsten ein
Und als die Herren privat werden Zigarren und Cognak
Strikt nach dem Lehrbuch der Politischen Ökonomie
Des Kapitalismus: »Mich wollten sie / Auf die Hilfsschule
schicken // Meine Mutter war knochenhart / Gegen alle Du
machst das Abitur / Das Kollegium war immer gespalten
Es gab Lehrer die hielten mich für dumm.«
Tierlaute Wer wollte das aufschreiben
Mit Leidenschaft Haß lohnt nicht Verachtung läuft leer
Verstand ich zum erstenmal Ihre Schreibhemmung
Genosse Professor vor der römischen Kaiserzeit
Der bekanntlich glücklichen unter Nero
Wissend der ungeschriebne Text ist eine Wunde
Aus der das Blut geht das kein Nachruhm stillt
Und die klaffende Lücke in Ihrem Geschichtswerk
War ein Schmerz in meinem wie lange noch atmenden Körper
Und ich gedachte des Staubs in Ihrer Marmorgruft
Und des kalten Kaffees am Morgen früh sechs
In Charlottenburg im Haus Mommsen Machstraße acht
An Ihrem Arbeitsplatz umstellt von Büchern

Dezember 1992

ICH HAB ZUR NACHT GEGESSEN MIT GESPENSTERN
Jetzt holt Journaille meinen Schatten heim
ER HAT MIT DEM TEUFEL GEFRÜHSTÜCKT SEIN
                                    LÖFFEL WAR
ZU KURZ BESPEIT IHN Im Erbrochnen schwimmt
Ein schwarzer Himmel Blau schreibt Leonardo
Mit seiner linken Hand in Spiegelschrift
Ist keine Farbe Ist ein Zufall aus
Luftströmungen und Hintergründen Nichts
Ist blau der Himmel eine schwarze Wolke

5. 1. 1993

STADTVERKEHR

Eine Frau beim Warten auf Grün an der Kreuzung
Prüft ihre Fingernägel Ein Bild aus der Werbung
Zehn Minuten später wird sie tot sein Und steht
Morgen in der Zeitung zum erstenundletztenmal

20. 1. 1993

NACHDENKEN ÜBER MICHELANGELO

Der aus dem Stein nicht mehr herausfand
                                    Im Griff
Der Borgias
            Heimgesucht von Parasiten

Auf der Haut des Geschundnen schief sein Gesicht
Hat er andre Materie geliebt als den Stein
Das Geschlecht im Marmor

20. 1. 1993

TRISTAN 1993

Gestern hatte mein Kind einen fremden Blick
Eine Schreckensnachricht einen Werbespot lang
In den Augen meines Kindes las ich
Der zu viel gesehen hat die Frage
Ob die Welt die Mühe des Lebens noch aufwiegt
Einen Augenblick eine Schreckensnachricht
Einen Werbespot lang war ich im Zweifel
Soll ich ihm ein langes Leben wünschen
Oder aus Liebe einen frühen Tod

1993

MARKE ZUM TOTEN TRISTAN

Du liegst und träumst deinen letzten Schlaf
Unter dem Mantel der tödlich Geliebten
Aber ich muß zurück in den mondlosen Tag
Der mir das Herz verbrennt zu Goldstroh

1993

LERNPROZESS

Lernen lernen nochmals lernen (Lenin):

Noch sehe ich wenn ich über die Straße gehe
Um Zigarren zu kaufen den Bettler am Straßenrand
Oder die Frau aus Bosnien mit dem Kind auf dem Arm
Neben der Mülltonne sitzen und meine Hand
Zuckt in der Tasche nach Kleingeld Aber der Mensch ist
Das lernende Tier Ich lerne Bald schon
Werde ich keinen Bettler mehr sehn und kein Elend
Es gibt keine Bettler Es gibt kein Elend

21. 10. 1993

DAS GLÜCK DER ANGST

für Anna

Manchmal zwischen Nacht und Morgen
Seh ich Hunde dich umkreisen
Hunde mit gebleckten Zähnen
Und du greifst nach ihren Pfoten
Und du lachst in ihre Zähne
Und ich wache auf mit Angstschweiß
Und ich weiß daß ich dich liebe

22. 10. 1993

BIRTH OF A SOLDIER

Auf dem Bildschirm ein Soldat aus England
Beim Leichenzählen in einem bosnischen Dorf
Er weint unter dem Blauhelm. Beim nächsten Blick
Sehe ich wie seine Kiefer mahlen
Ein Wolf der die Zähne bleckt
Die Grimasse sein letzter Gruß an die Menschheit

29. 10. 1993

BLAUPAUSE

Schlaflos im Fenster die Nacht
Fragt wozu das Ganze
Weil ich die Antwort nicht weiß
Das Dunkel läßt nicht mit sich reden
Geh ich zurück in den Schlaf
Der Morgen vielleicht weiß es anders

Oktober 1993

Marx ist tot er wollte die Welt ändern
Der Verbrecher die Gott gemacht hat Nieder
Mit Freud der uns einreden wollte
Daß es etwas gibt was wir nicht wissen
Einstein der Jude Verbrennt seine Asche
Hat die Atombombe gebaut Seitdem
Ist unser Leben relativ Der Jude
Ist unser Unglück Hitler hat es gewußt
Ein einfacher Mann aus Braunau
War Schulstoff, in Deutschlands großer Zeit
Sie hat Früchte getragen weltweit
Ein Taxifahrer in New York ein Rumäne
Sagte zu mir YOU GERMAN GERMANY GOOD
DO YOU KNOW THAT HITLER WAS CRAZY YES
Sagte ich BUT DO YOU KNOW WHY
Sagte er BECAUSE HE DIDNT KILL ALL JEWS
EVEN HERE ARE THEY IN POWER AND
I HAVE TO FIGHT THEM SO WHY fragte ich
DID YOU LEAVE ROUMANIA ALL JEWS
Sagte er BRESHNEW CEAUCESCO ALL JEWS BUT HOW
Fragte ich DID YOU GET OUT OF ROUMANIA
MONEY MONEY sagte er und rieb
Den Daumen am Zeigefinger ALL JEWS
So wird die Welt verständlich das Leben
Leicht

2. 11. 1993

RECHTSFINDUNG

Nach dem Tod des Sejan verfügt von Tiberius
Dessen rechte blutige Hand er war zu Lebzeiten
Mit ungenauem Befehl ausgeführt von der Volkswut
Wurden seine Denkmäler gestürzt Juvenal beschreibt
Den Vorgang in der zehnten Satire
Seine Beschreibung
Nach zweitausend Jahren Wechselbad zwischen Hoffnung
Auf eine andre Geschichte und der Verzweiflung
Über die Wiederkehr der bekannten alten Geschichten

1993

SCHWARZFILM

Das Sichtbare
Kann fotografiert werden
O PARADIES
DER BLINDHEIT
Was noch gehört wird
Ist Konserve
VERSTOPF DEINE OHREN SOHN
Die Gefühle
Sind von gestern Gedacht wird
Nichts Neues Die Welt
Entzieht sich der Beschreibung
Alles Menschliche
Wird fremd

1993

Galilei betrachtet die Sterne Sie kümmern sich nicht
Um den Zufall der Menschheit Ein Experiment
Zwischen Engel und Bestie Der Ausgang
Hängt von andern Umständen ab
Als von den Bahnen der Sterne MOLIÈRE STIRBT

11. 6. 1994

GESPRÄCH MIT YANG TSCHU »DEM PESSIMISTEN«

Lohnt es den Leib zu pflegen
                              Er ist sterblich
Damit er länger dauert
                              Und wozu
Da wir doch wissen nur der Tod ist erblich
Das Leben ist ein Witz er ist der Clou
Leb wie du willst oder leb nach der Schnur
Unsterblichkeit ist gegen die Natur
Das Leben
Nimm es nicht zu ernst mein Sohn
Das Leben ist nicht neu und bleibt sich gleich
Mit Freuden und mit Leiden Arm und Reich
Ordnung und Wirrsal bis zur Kremation
Besser die kurze als die lange Weile
Der Tod ist auch nicht neu Stirb ohne Eile
Das Grab kann warten Sterben ist ein Nu
Nimm es nicht ernst es ist ein Witz wie du

28. 6. 1994

SEHSTÖRUNG

für H. J. Schlieker

Mein Freund der Maler sagt mir Daß ich male
Ist weil ich nicht mehr sehn will Hoch die Blindheit
Mit meinen Augen ists daß ich bezahle
Für jeden Blick Mein Tod war meine Kindheit
Das dunkle Zimmer Licht unter der Tür
Warten daß es hereinbricht weißer Schrecken
Wie soll ich meine Nacht vor Tag verstecken
Pflicht ist der Tod das Leben ist die Kür
Laß Helle mich in deinem Schatten wohnen
Ichlos in meinen pathogenen Zonen

7. 7. 1994

RUDOLF AUGSTEIN, 70

Die Maske zieht schon Wasser vorm Gesicht
Das Blut steht still das Schlachtfeld ist vermessen
Der Bote weiss wenn seine Stimme bricht
Auf jede Nachricht wartet das Vergessen

im spiegel mein zerschnittener koerper
in der mitte geteilt von der operation
die mein Leben gerettet hat wozu
fuer ein kind eine frau ein spaetwerk
leben lernen mit der halben maschine
atmen essen verboten die frage wozu
die zu leicht von den lippen geht der tod
ist das einfache sterben kann ein idiot

28. 10. 1994

auftauchen in der isolierstation
aus dem schwarzen loch auf dem operationstisch
das rendezvous mit dem tod hat stattgefunden
im gedaechtnis keine spur farbloser
blitz in der dunkelheit stummes gewitter
unter dem messer zerfallen die kategorien
am tropf die philosopheme
paaren sich
hegel und kant marx kuesst nietzsche

Oktober 1994

dialog
was hast du von mir einem kranken der manchmal
dich ansieht von weit

                  idiot was weisst du von liebe

SHOWDOWN

In einem Käfig gläsern sahn wir stehn
Den Mörder und das Opfer unbekannt
Einander auch nicht wissend noch wer wen
Zu töten in dem Glas gefangen stand
Mit andern starrten wir gierig zu schaun
Den Hals des Opfers in des Mörders Hand
Tod unser Stoff aus dem wir Städte baun
Die Furcht vorm Sterben nur zusammen hält
Und Hoffnung auf Atem im Morgengraun
Keiner kann aufstehn wenn kein andrer fällt
Die Plätze sind markiert das Wo das Wann
Was scherts die Küste wenn das Schiff zerschellt
Im Glas beginnt der Krieg Mann gegen Mann
Die Miete zahlt der letzte Würgegriff
Besser für Geld als wild im dunklen Tann
Der Mensch und sei es auf dem Geisterschiff
Das dümpelt in den Tiefen seiner Brust
Erwirbt als Mörder erst den letzten Schliff
Furcht des Voyeurs Sterben und nicht gewußt
Wem das Genick brach gläsern welche Hand
Der Rest heißt Abgrund Grauen oder Lust
In diesem oder einem andern Land

29. 11. 1994

IBSEN ODER DER TOD ALS EMBRYO
FAHRT DURCH EINE FREMDE STADT

für Fritz Marquardt

In der Kantine des Berliner Ensembles
Die seit dem Mauerfall CASINO heißt
Im Theater nach Brecht ein Gespräch über Ibsen
Langsame Heimfahrt durch die fremde Stadt
In der ich gelebt habe fünfzig Jahre lang
Ibsen eingesperrt in seinem Kleinstaat
Mit dem Sprengstoff in seinem zu schweren Gehirn
Seiner verbotnen Liebe Und der allseits
Applaudierten zum Tod Der ihm Zeit läßt
Für ein Spätwerk mit Lawinen und Seegang

1. 12. 1994

LEAR ein Assoziationsraum (kein Kommentar)

ein alter mann der seinen laden aufgibt
mit rückenschmerzen vom stehn am verkaufstisch
zwei töchter gehn ihm um den bart mit blick auf die kasse
die jüngste hat augen nur für ihn das zählt nicht
jetzt geht der laden nur noch in zwei teile

THEATERTOD

Leeres Theater. Auf der Bühne stirbt
Ein Spieler nach den Regeln seiner Kunst
Den Dolch im Nacken. Ausgerast die Brunst
Ein letztes Solo, das um Beifall wirbt
Und keine Hand. In einer Loge, leer
Wie das Theater, ein vergessenes Kleid.
Die Seide flüstert, was der Spieler schreit.
Die Seide färbt sich rot, das Kleid wird schwer
Vom Blut des Spielens, das im Tod entweicht.
Im Glanz der Lüster, der die Szene bleicht
Trinkt das vergessne Kleid die Adern leer
Dem Sterbenden, der nur sich selbst noch gleicht
Nicht Lust noch Schrecken der Verwandlung mehr
Sein Blut ein Farbfleck ohne Wiederkehr.

9. 12. 1994

FREMDER BLICK: ABSCHIED VON BERLIN

Aus meiner Zelle vor dem leeren Blatt
Im Kopf ein Drama für kein Publikum
Taub sind die Sieger die Besiegten stumm
Ein fremder Blick auf eine fremde Stadt
Graugelb die Wolken ziehn am Fenster hin
Weißgrau die Tauben scheißen auf Berlin

14. 12. 1994

LEERE ZEIT

Meinen Schatten von gestern
Hat die Sonne verbrannt
In einem müden April

Staub auf den Büchern

In der Nacht
Gehn die Uhren schneller

Kein Wind vom Meer

Warten auf nichts

31. 12. 1994

FELDHERRNGEFÜHLE

SCIPIO während seine Soldaten Salz streuten
Auf die Trümmer und Leichenberge von Karthago
Zitierte Homer EINST WIRD KOMMEN DER TAG und weinte
Polybios hat es gesehn der Geschichtsschreiber
Wann haben wir einen Sieger weinen sehn

1994

RÖMERBRIEF

Seit er vom Pferd fiel weiss er wo Gott wohnt
Dem alle gleich sind und der keinen schont
Der nicht das Leben lebt nach seiner Schnur
Denn Gott ist der Erfinder der Natur
Wenn Mann mit Mann sich paart und Frau mit Frau
Zum Beispiel zürnt er denn er zählt genau
Mit Blitzen sagt er dir was sich gehört
Sein Brot der Sünder der den Weltlauf stört
Sein Hunger braucht dass Menschen Sünder sind
Vom Priester bis zum ungebornen Kind
Sohn tötet Vater war bei Heiden Brauch
Seis mit der Keule seis im Opferrauch
ER schlachtet seine Nachgeburt den Sohn
Der Tod am Querholz unsrer Sünden Lohn
Die seine Nahrung sind und seine Lust
Ein Racheengel wohnt in seiner Brust
Der uns am Kreuz vertrat als Sündenbock
Die Novität aus Gottes Wunderblock
Als er aus unsrer Schuld die Wurzel zog
Mit allen Vieren weil die Hoffnung trog
Auf Leben ohne Tod Vater warum
Sein letzter Schrei Der Adressat blieb stumm
Erhob er unsre Sünden ins Quadrat
Im Holz ist jeder Nagel ein Verrat
Leben mit Jesus ist ein Messertanz
Beschneidung geht aufs Herz statt auf die Glans
Ausruhn im Glauben vom Geschrei der Welt
Leben ist Busse Sterben das Entgelt
Glücklich die Beute die den Jäger liebt
Der sie den Elementen wiedergibt
Bis er zur Auferstehung blasen lässt
Am Tag des Zorns zu seinem Erntefest

Wo er die Böcke von den Schafen teilt
Mit Schwert und Balsam Wunden schlägt und heilt
Jedem das Seine nach dem Grundgesetz
Im Wirbel der Planeten ohne Netz
Auch seine Endlösung heisst Selektion
Mit seinen Malen der geschundne Sohn
Darf auf der Bank des Richters sitzen der
Sein Mörder ist Zur Mutter steht er quer
Weil sie zwar Jungfrau ihn geboren hat
Jede Geburt zerreisst das Feigenblatt
Ob sie befleckt ist oder unbefleckt
Die Götterväter halten sich bedeckt
Sie lassen sich herab als Schwan als Stier
Der Heilige Geist ist neu im Jagdrevier
Er braucht die Jungfrau denn die Fleischeslust
Gehört dem Teufel himmlisch ist der Frust
Sie leistet ihre Arbeit ohne Lohn
Gebiert mit Schmerzen lustlos ihm den Sohn
Der ihr den Platz im Kanon garantiert
Wo die Madonna Heim und Herd regiert
Der Sohn hat Stimmrecht Vater schluck dein Schwert
Es ist die Wunden die es schlägt nicht wert
Du bist es nicht der hier das Urteil fällt
Denn du hast nicht gelebt in deiner Welt
Ich hab dir Vater etwas mitgebracht
In deinen ewigen Tag aus meiner Nacht
Nichts war nichts ist und nichts wird jemals gut
Siehst du das Kreuz es wartet auf dein Blut

1994

AJAX ZUM BEISPIEL

Babypille fauler Zauber
Ajax hält das Becken sauber
Volksmund

In den Buchläden stapeln sich
Die Bestseller Literatur für Idioten
Denen das Fernsehn nicht genügt
Oder das langsamer verblödende Kino
Ich Dinosaurier nicht von Spielberg sitze
Nachdenkend über die Möglichkeit
Eine Tragödie zu schreiben Heilige Einfalt
Im Hotel in Berlin unwirklicher Hauptstadt
Mein Blick aus dem Fenster fällt
Auf den Mercedesstern
Der sich im Nachthimmel dreht melancholisch
Über dem Zahngold von Auschwitz und andere Filialen
Der Deutschen Bank auf dem Europacenter
Europa Der Stier ist geschlachtet das Fleisch
Fault auf der Zunge der Fortschritt läßt keine Kuh aus
Götter werden dich nicht mehr besuchen
Was dir bleibt ist das Ach der Alkmene
Und der Gestank von brennendem Fleisch den täglich
Von deinen Rändern der landlose Wind dir zuträgt
Und manchmal aus den Kellern deines Wohlstands
Flüstert die Asche singt das Knochenmehl
Eine Laufschrift am Kurfürstendamm verkündet der Welt
PETER ZADEK ZEIGT BERLIN SEINE ZÄHNE
BEWARE OF DENTISTS möchte man ihm sagen
In den Bauernkriegen dem größten Unglück
Der deutschen Geschichte las ich kopfschüttelnd
Im Stand der Unschuld neunzehnachtundvierzig
Wie kann eine Revolution ein Unglück sein

In Brechts Anmerkungen zur MUTTER COURAGE
Wurde der Reformation der Reißzahn gezogen
Heute kann ich die Fortsetzung schreiben Der
Französischen Revolution in den Kriegen Napoleons
Der sozialistischen Frühgeburt im Kalten Krieg
Seitdem tanzt die Geschichte wieder Tango
Ein Exkurs über Revolution und Zahnmedizin
Geschrieben im Jahrhundert der Zahnärzte
Zwei Zahnprothesen ein Büchner-Preis
Das zu Ende geht Das kommende
Wird den Advokaten gehören die Zeit
Steht als Immobilie zum Verkauf
Im Hochhaus unter dem Mercedesstern
In den Etagen der Kulturverwaltung
Was für ein Wort Wer verwaltete Phidias
Ein Teppichhändler aus Smyrna laut POLYDOR
Auch die Kunst lebt nicht vom Staub allein
Brennt noch Licht rauchen die Köpfe im Sparzwang
Proben die Amputierten den aufrechten Gang
Mit geborgten Krücken aus Fiberglas
Unter Aufsicht des Finanzsenators
ZUM GELDE DRÄNGT AM GELDE HÄNGT DOCH ALLES
Stöhnt Faust in Goethes Sarkophag in Weimar
Mit der gebrochnen Stimme von Einar Schleef
Der seine Chöre probt in Schillers Schädel
Ich Dinosaurier im Rauschen der Klimaanlage
Selbst in der Steuerschraube bis zum Hals
Die Staatsgewalt geht vom Geld aus Geld
Muß kaufen Arbeit macht unfrei Heimat ist
Wo die Rechnungen ankommen sagt meine Frau
Lese Sophokles AJAX zum Beispiel Beschreibung
Eines Tierversuchs vergilbte Tragödie
Eines Mannes mit dem eine launische Göttin
Blindekuh spielt vor Troja im Abgrund der Zeiten

Arnold Schwarzenegger im WÜSTENSTURM
Um mich heutigen Lesern verständlich zu machen
ICH AJAX OPFER ZWEIFACHEN BETRUGS
Ein Mann in Stalinstadt Bezirk Frankfurt Oder
Auf die Nachricht vom Klimawechsel in Moskau
Nahm stumm von der Wand das Porträt des geliebten
Führers der Arbeiterklasse des Weltkommunismus
Trat mit Füßen das Bild des toten Diktators
Hängte sich auf an dem frei gewordenen Haken
Sein Tod hatte keinen Nachrichtenwert Ein Leben
Für den Reißwolf KEINER ODER ALLE
War das falsche Programm für alle reicht es nicht
Das letzte Kriegsziel ist die Atemluft
Oder KAULICH befreit von der Roten Armee
Aus Hitlers Gulag hört nach vier Tagen Fußmarsch
Aus einem zerschoßnen Fenster seine Frau schrein
Sieht einen Soldaten der ruhmreichen Roten Armee
Der sie aufs Bett wirft vergißt das ABC
Des Kommunismus schlägt dem Genossen Befreier
Den Schädel ein Übt Selbstkritik im Gespräch mit dem Toten
Kein Ohr für die immer noch schreiende Frau
Wird zuletzt gesehn auf dem Transport
In Stalins Gulag seine zweite Epiphanie
Singt die Internationale im Viehwagen
Wenn er gestorben ist singt er heute noch
Mit den toten Kommunisten unter dem Eis
Das Schreibglück der fünfziger Jahre
Als man aufgehoben war im Blankvers
Zwischen den Planken des kenternden Geisterschiffs
Beschirmt vom ironischen Pathos des Knittelreims
Nur die Hebungen werden gezählt
Gegen den Steinschlag der Denkmäler
In der Ewigkeit des Augenblicks
Im Elend der Information BILD KÄMPFT FÜR SIE

Wird Erzählung Prostitution BILD KÄMPFT
Gibt die Tragödie den Geist auf Stalin zum Beispiel
Seit seine Totems zum Verkauf stehn
Blut geronnen zu Medaillenblech
Am Brandenburger Tor für Hitlers Enkel
Welchen Text soll ich ihm in den Mund legen
Oder ins Maul stopfen je nach dem Standpunkt
In das Gehege seiner gelben Zähne
In sein kaukasisches Wolfsgebiß
In seiner Nacht im Kreml beim Warten auf Hitler
Wenn der sprachlose Lenin erscheint im Wodka
Lallend und brüllend nach dem zweiten Gehirnschlag
Der Beweger der Welt dem seine Zunge
Nicht mehr gehorchen will LENINDADA
Seine Welt ein Quadrat von Malewitsch
Der Tartar der das Gesetz der Steppe
Nicht mehr begreift Römer geworden zur Unzeit
Das sein Vollstrecker im Blut hat der Kaukasier
Oder Trotzki das Beil des Macbeth noch im Schädel
Die Faust geballt zum bolschewistischen Gruß
Im deutschen Panzerturm Hamlet der Jude
Oder Bucharin der im Keller singt
Der Liebling der Partei Kind der AURORA
Mit Hitler vielleicht kann er reden von Mann zu Mann
Oder von Tier zu Tier je nach dem Standpunkt
Der Totengräber mit dem Totenführer
Nach zehn Jahren Krieg war Troja museumsreif
Ein Gegenstand von Archäologie
Nur eine Hündin heult noch um die Stadt
Aus den Gebeinen der Rächer gründete Rom
Preis eine brennende Frau in Karthago
Mutter der Elefanten Hannibals
Rom von der Wölfin gesäugt das den Sieger beerbte
Griechenland eine Provinz aus der man Kultur zog

3000 Jahre nach der blutigen
Geburt der Demokratie mit Bad Netz Beil
O NACHT SCHWARZE MUTTER im Haus der Atriden
Die Zange führt Athene die Kopfgeburt
Kriecht das dritte Rom schwanger mit Unheil
Nach Bethlehem in seine nächste Gestalt
Der Rausch der alten Bilder Die Müdigkeit
Im Rücken das unendliche Gemurmel
Des Fernsehprogramms BEI UNS SITZEN SIE
IN DER ERSTEN REIHE Die Schwierigkeit
Den Vers zu behaupten gegen das Stakkato
Der Werbung das die Voyeure zu Tisch lädt
UNSERN TÄGLICHEN MORD GIB UNS HEUTE
In meinem Gedächtnis taucht ein Buchtitel auf
DIE ERSTE REIHE Bericht von Toden in Deutschland
Kommunisten gefallen im Krieg gegen Hitler
Jung wie die Brandstifter von heute wenig
Wissend vielleicht wie die Brandstifter von heute
Andres wissend und andres nicht wissend
Verfallen einem Traum der einsam macht
Im Kreisverkehr der Ware mit der Ware
Ihre Namen vergessen und ausgelöscht
Im Namen der Nation aus dem Gedächtnis
Der Nation was immer das sein oder werden mag
Im aktuellen Gemisch aus Gewalt und Vergessen
In der traumlosen Kälte des Weltraums
ICH AJAX DER SEIN BLUT VERSTRÖMT
ÜBER SEIN SCHWERT GEKRÜMMT AM STRAND
VON TROJA
Im weißen Rauschen
Kehren die Götter zurück nach Sendeschluß
Verbrennt die Sehnsucht nach dem reinen Reim
Der Welt in Wüste wandelt Tag in Traum
Reime sind Witze im Einsteinschen Raum

Des Lichtes Welle sondert keinen Schaum
Brechts Denkmal ist ein kahler Pflaumenbaum
Und so weiter was die Sprache hergibt
Oder das Lexikon des deutschen Reims
Das letzte Programm ist die Erfindung des Schweigens
ICH AJAX DER SEIN BLUT

1994

TRAUMWALD

Heut nacht durchschritt ich einen Wald im Traum
Er war voll Grauen Nach dem Alphabet
Mit leeren Augen die kein Blick versteht
Standen die Tiere zwischen Baum und Baum
Vom Frost in Stein gehaun Aus dem Spalier
Der Fichten mir entgegen durch den Schnee
Trat klirrend träum ich seh ich was ich seh
Ein Kind in Rüstung Harnisch und Visier
Im Arm die Lanze Deren Spitze blinkt
Im Fichtendunkel das die Sonne trinkt
Die letzte Tagesspur ein goldner Strich
Hinter dem Traumwald der zum Sterben winkt
Und in dem Lidschlag zwischen Stoß und Stich
Sah mein Gesicht mich an: das Kind war ich.

1994

ajax

vielleicht haette prometheus warten sollen auf die
neue menschheit die zeus im kopf hatte oder schon
auf dem reissbrett
das verbrechen ist die ungeduld. stalin wusste dass
die bedingung des neuen menschen die vernichtung
des alten war.
lenin hatte recht, als er zu trotzki sagte: wir haben
den galgen verdient.

AUF DER SUCHE NACH ODRADEK

Nach dem Verschwinden der Mütter das Trauma der zweiten
Geburt

Und was ich sah war mehr als ich ertrug

Beim Vorübergehen am Bücherregal
sehe ich den Titel
The green hills of Africa
Wie lange werden sie noch grün sein?
Was für ein Quatsch. Mein Reflex
auf den Titel ist weiter nichts als
die Sehnsucht nach einer Welt
oder Gegend, die nichts zu tun
hat mit dem, worüber zu schreiben
ich gezwungen bin, von wem?

DAY AFTER DAY
THEY SEND MY FRIENDS AWAY
TO MANSIONS COLD AND GREY
TO THE FAR SIDE OF TOWN
WHERE THE THIN MEN STALK THE STREETS
WHILE THE SANE STAY UNDERGROUND

Vielleicht werde ich alles überleben
Was ich geliebt habe und nicht geliebt
Frauen Freunde Gedanken

DAY AFTER DAY
THEY TAKE SOME BRAIN AWAY
THEY TURN MY FACE AROUND
TO THE FARE SIDE OF TOWN
AND TELL ME THAT IT'S REAL
THEN ASK ME HOW I FEEL

Oder sterben, zum Beispiel
In einem brennenden Flugzeug oder
An einem Messerstich in Soho
Oder in einem Krankenhausbett, aus Gleichgültigkeit
Weil ich meine Lieben überlebt habe
Meinen Haß und meine Verachtung

Ein alter Mann in einem leeren Land

DRUCKFEHLER   MISPRINT
(nach Goethe)

Es fürchten die Götter
Das Menschengeschlecht

Ein Jahr und länger habe ich meinen Freund nicht gesehn
Wie hast du gelebt in den zwölf und mehr Monaten seitdem
Frage ich ihn MEIN VATER IST GESTORBEN
Sagt er Und wieder weiß ich daß er mein Freund ist
Ein Mann nach seinem Herzen Unbestechlich

Im ächten Manne
ist ein Kind versteckt
das will sterben

Vergiß das Theater und sieh auf das NO
Vergiß das NO und sieh auf den Schauspieler
Vergiß den Schauspieler und sieh auf das Herz
Vergiß das Herz und du wirst NO verstehn

SEAMI

Das leere Treppenhaus erzählt den Schrecken
einer sauberen Welt. Kein Mensch, keine
Fußspur, kein Staub, nur ein unsichtbares Auge,
das an einem Malwerkzeug befestigt ist, geführt
von keiner Hand.
AND A SLEEPING DOG AROUND THE
CORNER / ON THE NEXT STAIRCASE
BARKING IN DREAMS.

Mit der Wiederkehr der Farbe droht die
Auferstehung.
ICH HABE DIR GESAGT DU SOLLST
NICHT WIEDERKOMMEN TOT IST
TOT.
Der Tod ist ein Irrtum.

... Und gehe weiter in die Landschaft
die keine andere Arbeit hat als auf
das Verschwinden des Menschen
zu warten ...
Der Maler hält den Moment vor dem Verschwinden
fest, die kalte Sekunde, wenn der Körper zum
Farbton schrumpft, den letzten Atem, von
Malschichten wie vom Vergessen erstickt.
Der Maler malt das Vergessen. Das Bild vergißt
seinen Gegenstand. Der Maler ist Charon. Mit
jedem Pinselstrich/Ruderschlag verliert sein
Passagier an Substanz. Die Fahrt ist das Ziel,
das Sterben der Tod. Am andern Ufer wird
Niemand aussteigen.

Wie einen Schatten hat Gott den
Menschen erschaffen wer soll
ihn richten wenn die Sonne
untergegangen ist.
der Maler wohnt in seinem Schatten, der keine
Sonne braucht.

Über ein Blatt mit Gedichten
Frisch aus der Schreibmaschine
läuft ein Insekt
Ich weiß nicht ob es mir Spaß gemacht hätte
Aber das weiß ich genau ich hätte es umgebracht
vor zehn Jahren ohne
Zögern Was ist anders geworden
Ich oder die Welt

ZWISCHEN DEN SCHLACHTEN GEGEN MICH

Die meine Arbeiten sind
(Waffengattung und Kampfweise wechseln
Einer von uns gewinnt immer, meistens
Ist es der Andere)
Liegt eine tote Zeit, skandiert mit
Fütterung Beischlaf Drogen Geschwätz: das Leben.
Es ist zu lang, die Wunden
Schließen sich zu schnell.

VILLA AURORA Die Bäume verneigen sich
Vor dem Wind vom Pazifik der Bescheid weiß
Über die Dauer der Millionenstadt
Waiting for doomsday conscious unconscious
Of its fate rising from past and Asia

WELCOME TO SANTA MONICA

Ein sterbender Mann betritt das Hotelfoyer
Wo andre Sterbende ihre Zeit totschlagen
Kurz oder lang zwischen Geburt und Tod
Mit Geschäften oder allein mit dem Glas
Aus dem das Vergessen kommt Der neue Gast
Ist gezeichnet von einem andern Tod
Sein Gesicht seine Hände Blick und Gang
Halb schon ein Engel Oder ein Kupferstich
Von Dürer dem Pedanten der Melancholie
Ein Mann umarmt ihn er steht gut im Fleisch
Seine Tage sind noch nicht gezählt
Wenn man dem Augenschein glauben darf
Sie verschwinden hinter einer Säule
Aus gefälschtem Marmor Nach einer Zeit
Ein Ausschnitt wie aus einem alten Film
Seh ich zwischen Topfpalme und Säule
In einem Sessel den Gesunden sitzen
Und eine Hand beinah schon fleischlos die
Über seinen Kopf streicht einmal vielmal
Sie kann nicht aufhören sie zählt die Stunden
Vor dem EMBASSY unsrer Pension
Mit der defekten Heizung OLD WORLD CHARM
Sagt ein Hausschild EINTRITT VERBOTEN
Weint ein Veteran um seinen Kater
Der sich im Garten der Pension versteckt
HE'S MY ONLY FRIEND IN LIFE YOU KNOW
I WATCH HIM I'M NOT ALLOWED TO ENTER THE GARDEN
I'M AFRAID THEY STOLE HIM THE NAME IS TIGER
Das Leben ist der Güter höchstes nicht
TIGER'S THE NAME TIGER TIGER

1995

Die Wissenschaftler leben im Schrecken
und Europa gibt seinen Geist auf
Wyndham Lewis wählte die Blindheit
statt seinen Geist aufzugeben.
Nacht unterm Wind in den Nelken,
die Blütenblätter stehn fast still
Mozart, Linnaeus, Sulmona,
Wenn deine Freunde einander hassen
wie kann da Frieden sein in der Welt?

1995

(nach Ezra Pound)

MONTAIGNE MEETS TASSO 1

Tasso in den Abruzzen auf der Flucht vor seinem Wahnsinn
                              sein Kleidertausch
mit einem Bauern. Lenz im Gebirge bei Strassburg, Büchner
                              gejagt auf seiner Spur.
Hölderlin im Turm, der vor sich hinreimt. Montaigne, wenn
                              er mehr Zeit gehabt
hätte als einen Tag in Ferrara, wo er Tasso verrückt sah,
                              »mit mehr Ärger als Mitleid«,
was hätte er ihm sagen können. Was sind Worte dem, der sich
                              an ihnen sattgegessen
hat und sie nicht mehr ausspein will.

1995

VAMPIR

Die Masken sind verbraucht fin de partie
Prolet und Mörder Bauer und Soldat
Aus den geborgten Mündern dringt kein Laut
Zerstoben ist die Macht an der mein Vers
Sich brach wie Brandung regenbogenfarb
Im Zaun der Zähne starb der letzte Schrei
WILLKOMMEN IN WORKUTA KOM(M)MISSAR
Statt Mauern stehen Spiegel um mich her
Mein Blick sucht mein Gesicht Das Glas bleibt leer

1995

POESIE UND PROSA

für Norbert Blüm

Arbeitslosenhilfe soll nach »Marktwert« gezahlt werden
dpa Hamburg – Um Sozialausgaben zu sparen, will die Bundesregierung
die Arbeitslosenhilfe künftig nicht mehr nach dem letzten Nettogehalt
berechnen. Statt dessen sollen Arbeitslose vom 1. April 1996 an nach dem
Arbeitsentgelt bezahlt werden, das sie auf dem aktuellen Arbeitsmarkt
noch erzielen könnten. Das bedeutet, das Arbeitsamt entscheidet künftig
über den aktuellen »Marktwert« des Leistungsempfängers und damit
über die Höhe seiner Unterstützung. Das Bundesarbeitsministerium
bestätigte am Samstag einen Bericht der Bildzeitung. SPD und Gewerk-
schaften wiesen diese Pläne als menschenfeindlich zurück. Bislang legt
das Arbeitsförderungsgesetz fest, wie hoch die Arbeitslosenhilfe ist und
wer Anspruch darauf hat. Ein Sprecher des Arbeitsministeriums sagte,
die Umstellung der Berechnung vom letzten Nettogehalt auf das aktuelle
Einkommen sei einer von sieben Punkten der geplanten Reform des
Arbeitslosenhilferechts. Er konnte aber nicht sagen, wie der »Marktwert« berechnet werden soll und wer bei Widerspruch des Betroffenen
letztlich entscheidet. Details stünden noch nicht fest. Sie würden in
einem Gesetzesentwurf formuliert, der nach der Sommerpause fertig
sein soll. Im Haushaltsentwurf des Bundes für 1996 sind Kürzungen der
Arbeitslosenhilfe in Höhe von 3,4 Mrd. DM vorgesehen.

Der Minister für Arbeit
Korrigiert seinen polnischen Irrtum
MARX LEBT JESUS IST TOT
Sein Kreuz ist der Marktwert
Ein Pyrrhussieg
Der Utopie

August 1995

> *Wenn schon dein Lied nicht leben hilft*
> *So hilft es doch zum Tode*
> *(Brentano)*

Der Himmel verspricht einen schönen Tag Er beginnt
Mit der Zeitungslektüre in der Hotelbar
Ein Überlebender beschreibt ein Blutbad
ICH LAG UNTER ICHWEISSNICHT WIEVIEL TOTEN
MIT ANGST DASS EINER LEBT UND BEWEGT SICH
ODER FÄNGT AN ZU SCHREIN ÜBER MIR SIE SCHOSSEN
AUF ALLES WAS SICH REGTE ODER LAUT GAB
GLÜCKLICHERWEISE WAREN ALLE TOT
Das Glück muß sich nach der Decke strecken
Leben weil alle tot sind ein Menschheitstraum
Leerzeit Ein Tag wirft mich dem andern zu
Axel Manthey ist tot Man sollte Komödien schreiben
Leben in diesem trüben Menschenbrei
Mit glücklichen Idioten vor dem Bildschirm
Heute nacht im Traum war ich Aktäon
Ich wurde von sieben Frauen gejagt
Eine Schauspielerin führte sie an
Durch Wald und Feld wir zertraten die Blumen
Sie jagten mich mit einer Drahtschlinge
Ich belästigte einige Freunde mit Fragen
Nach meinem neuen Stück ICH BIN IRRITIERT
Sagte der höflichste Die andern schwiegen
Meine Frau fragte mich BRAUCHST DU DAS
Gründgens speist mit Göring dem Jäger und Sammler
Im Keller erteilt die Geheime Staatspolizei
Dem Kommunisten Hans Otto Gesangsunterricht
ICH BIN SCHAUSPIELER KEIN VOLK sagt Hamlet
Wenn Laertes politisch wird Er seinerseits
Weiß wie man sich dreht und wendet im

Gespräch mit Mördern aus Liebe zur Kunst
ICH DENKE EINEN LANGEN SCHLAF ZU TUN
War das letzte was man von ihm gehört hat
HAMLETWALLENSTEIN dem seine Mörder
Die Beine brechen mussten weil der Sarg
Zu kurz geraten war Unsre Hamlets
In Platons Höhle Althusser zum Beispiel
Ein Kommunist massiert seine Frau Immer schon
Hat sie den Nacken steif gemacht gegen seine
Grund legende Skepsis immer schon wollte er
Sagt ein Graffito an der Mauer der école normale
Ein Handarbeiter sein
                                OH MUTTER MUTTER
WAS HAST DU GETAN
                                Oder Pasolini
GIB MIR DEINEN ARSCH PELOSI ICH
WILL DEINEN DRECKIGEN ARSCH SOHN ITALIENS
HURE VON MARLBORO UND COCA COLA
GIB MIR DEINEN DRECKIGEN
                                Blutige Hochzeit
Mit der Klasse die die Zukunft trägt
Auf Schultern tätowiert vom Kapital
Die Morgenröte einer Nacht Die Nacht
Der Morgenröte
                        Dann legt Pelosi den Gang ein
Und fährt das Auto über den Besitzer
JETZT BIST DU VEREINT PAOLO MIT DEINEM ITALIEN
Oder St. Martin Waldschrat und Gartenzwerg
Im kurzen Leder wartend auf den Führer
... SEINE WUNDERSCHÖNEN HÄNDE JASPERS
In seinem Schwarzwald wo Kafka der ewige Jude
Den Jäger Gracchus gesehn hat den Toten der
Das Sterben nicht gelernt hat den Meister aus Deutschland
Der sich die Hände wärmt im Blut seiner Tiere

Immerhin hat er gewußt St. Martin
Seit die Mitten über den Jordan gehn
Daß der Boden der Abgrund ist Leben ein Sprung
Denn Gott ist tot seine verwaisten Engel
Leihen ihre Flügel nicht mehr aus
Sein Skelett kreist im Weltraum
In der Hotelbar langweilt ein betrunkener Gast
Eine Serviererin sie hat dienstfrei und darf
An der Theke sitzen mit dem Krebstod seiner Frau
Dann unterhalten sie sich über Hunde
ICH MAG CHOWCHOWS sagt die Serviererin
WEIL SIE SO KLEIN SIND BITTE SEHR WO BLEIBT
MEIN DRINK schreit der Betrunkene I HATE DOGS
THEY TOOK MY TIME WHEN I LIVED WITH MY WIFE
AND SHE'S DEAD NOW AND THE DOGS TOOK MY TIME
Gestern habe ich Teorema gesehn
ICH BIN GESTORBEN FÜR DIESE GESELLSCHAFT
Sagt der müde Kapitalist auf dem Bahnhofsstrich
Wie soll die Welt enden wenn das Geld müde wird
Der Strichjunge zieht sich schon auf dem Bahnsteig aus
Mitten unter den Reisenden ins Nichts
Die Welt ist beschrieben kein Platz mehr für Literatur
Wen reißt ein gelungener Endreim vom Barhocker
Das letzte Abenteuer ist der Tod
Ich werde wiederkommen außer mir
Ein Tag im Oktober im Regensturz

Baden-Baden, Oktober 1995

ENDE DER HANDSCHRIFT

Neuerdings wenn ich etwas aufschreiben will
Einen Satz ein Gedicht eine Weisheit
Sträubt meine Hand sich gegen den Schreibzwang
Dem mein Kopf sie unterwerfen will
Die Schrift wird unlesbar Nur die Schreibmaschine
Hält mich noch aus dem Abgrund dem Schweigen
Das der Protagonist meiner Zukunft ist

1995

DRAMA

Die Toten warten auf der Gegenschräge
Manchmal halten sie eine Hand ins Licht
Als lebten sie. Bis sie sich ganz zurückziehn
In ihr gewohntes Dunkel das uns blendet.

November 1995

im schädel königreiche universen
der trübe rest an schläuchen aufgehängt
ein sack chemie den krebstod auf den fersen
ein wirbelsturm in ein staubkorn gezwängt

zu stillem rasen aus den eingeweiden
giftwälder blühn landschaften in orange
schlaflos die nacht vom tag nicht mehr zu scheiden
der tod wird heimat göttliche melange

Dezember 1995

ICH KAUE DIE KRANKENKOST DER TOD
Schmeckt durch
Nach der letzten
Endoskopie in den Augen der Ärzte
War mein Grab offen Beinahe rührte mich
Die Trauer der Experten und beinahe
War ich stolz auf meinen unbesiegten
Tumor
Einen Augenblick lang Fleisch
Von meinem Fleisch

12.12.1995

Vor meiner Schreibmaschine dein Gesicht
Dein Auge das mich fragt Was willst du sagen
Gegen die Welt Wie kannst du sie ertragen
Was willst du tun daß sie zusammenbricht
Ich sitze krumm an meiner Schreibmaschine
Es geht auf Mitternacht und nebenan
Schläft unsre Tochter Braucht sie was ich kann
Oder ist es ihr Tod den ich bediene
Dein Auge hält mich Fest in deinem Blick
Hör ich mich sagen daß mein Leben lohnt
Auf dieser Welt nicht nur von uns bewohnt
Mit deinen Augen sieht mein Kind mich an
Wie lange bleibt es von der Welt verschont
Wenn ich die Frau bin und du bist kein Mann

ein kind weint in der cafeteria
das kind ist ein monster aus der alptraumfabrik
eine variation auf ein thema von spielberg
die mutter ein gebirge aus kaltem fett
groß ist mutter natur
deiner erfindung pracht
                    und ach die wunder
der medizin
            duft von rosen und flieder
in der anatomie des dr benn

Geh Ariel bring den Sturm
      zum Schweigen und
wirf die Betäubten an den Strand
           Ich brauch sie
lebend, damit ich sie töten kann

Mir   Vater
    warum

Anhang

Editorische Notiz

Mit dem Band I, Die Gedichte, eröffnet der Suhrkamp Verlag 1998 ein Editionsvorhaben, das den Lesern in den kommenden Jahren die Texte Heiner Müllers in einer vollständigen Werkausgabe präsentieren wird. Geplant ist das Projekt auf vorläufig sieben Bände. Die Bände II bis VII werden alle Stücke des Autors, seine Prosa-Schriften, die Übersetzungen und Nachdichtungen von Stücken, Fragmente sowie Aufsätze, Reden und Gespräche vorstellen und erstmals im Zusammenhang verfügbar machen.

Den editorischen Grundgedanken der Unternehmung konnte Müller noch selbst vorgeben. »Brutale Chronologie« lautete der Auftrag, dem Verlag und Herausgeber jetzt gemeinsam nachkommen wollen. Konkret bedeutet das, an einer Ausgabe zu arbeiten, die sich der Forderung nach zügiger, umfassender Information über eines der bedeutenden Werke der deutschen Literatur am Ende des 20. Jahrhunderts ebenso verpflichtet fühlt, wie sie dem ästhetischen Verständnis von Müllers Texten und damit einem Literaturbegriff zuarbeiten wird, der das in-ternationale Theater wenigstens seit den achtziger Jahren maßgeblich mitgeprägt hat, dessen übergreifende kulturelle und politische Dimension bisher jedoch keineswegs auch nur annähernd erkundet ist. Immer noch gilt die »Lagebeschreibung 1977« über den allgemeinen »Bewegungszustand« seiner Arbeiten im historischen Prozeß: Sie sind bis heute geblieben – auch nach dem Ende des Sozialismus –, was sie schon lange vorher waren: »einsame Texte, die auf Geschichte warten«.

Aus eben solcher Annahme eines nach wie vor im »Wartestand« ausharrenden und gerade dadurch provozierend offenen Werkes begründen sich sowohl Form als auch strukturelle Gestalt einer Edition, die auf historisch verändertem Gelände und – mit Öffnung des Nachlasses für diese Ausgabe – auf entschieden erweiterter Materialbasis wieder neu beginnen kann, Lektüre zu erwarten.

Mit dem Vorschlag, die Gedichte Heiner Müllers als sich fortschreibende Versuchsanordnung eines selbstbestimmten, nicht teilbaren und zugleich widersprüchlichen Arbeitsprozesses zu lesen, gewinnt das Editionskonzept der »Werke« seine erste konkrete Gestalt. Der Band I enthält neben allen aufgefundenen Gedichten, die zu Müllers Lebzeiten veröffentlicht worden sind, auch sämtliche im persönlichen Archiv des Autors hinterlegten unveröffentlichten Gedichte.

Um spätere Überschneidungen und Doppelungen zu vermeiden, wurden Gedichte, die in Stücken oder anderen Textsorten als Intermedien untrennbar in die jeweils besondere Gestalt dieser Arbeiten eingegangen sind, nur dann in den Band aufgenommen, wenn Müller dies durch seine eigene Verfügung, sie einzeln herauszugeben, selbst legitimiert hat. Alle anderen, so nicht bestimmten Texte, fallen aus dieser Ausgabe heraus; ebenso nicht berücksichtigt wurden Texte, bei denen mit großer Sicherheit davon auszugehen ist, daß Heiner Müller sie in einem frühen Arbeitsstadium als nicht weiter zu verfolgende Fragmente ansah oder als Skizzen zurückstellte. Ihre Veröffentlichung wird einer späteren historisch-kritischen Ausgabe vorbehalten bleiben.

Die vorgenommene Gliederung nach Dekaden – 1949 … 1959 … 1969 … usw. – dient ausschließlich der Lektüre-Übersichtlichkeit und folgt einem von Müller im Jahr 1992 selbst gemachten Periodisierungsvorschlag für seine Arbeiten. Zwei signifikante persönliche Daten des Autors sind damit genannt: das Jahr 1949 als dasjenige, in dem die frühesten der bisher veröffentlichten Gedichte entstanden sind, und das Jahr 1995, Heiner Müllers Todesjahr. Verzichtet wurde auf jede weitere zeitgeschichtlich oder politisch begründete Strukturierung des Bandes. Für die Anordnung der Gedichte innerhalb der Abschnitte wurde eine möglichst genaue zeitliche Aufeinanderfolge angestrebt, ohne daß meist genaue Daten angegeben werden können. Müller selbst hat zuweilen über Entstehungsdaten unterschiedliche Auskünfte gegeben, nicht selten suchte er sie bewußt vage zu halten. Allerdings arbeitete er noch selbst an der Vorbereitung dieser Ausgabe mit, so daß davon auszugehen ist, daß die von ihm hinterlegte Blattfolge im Archiv dem Prinzip »brutaler Chronologie« folgt. Innerhalb der Gliederung nach Dekaden wurden Gedichte, die zu Lebzeiten des Autors unveröffentlicht blieben, jeweils in einem eigenen Block ans Ende gestellt. Die Frage, ob sich der Autor für oder gegen die Veröffentlichung eines einzelnen Textes zu Lebzeiten entschied, sollte für diese Ausgabe nicht unbeachtet bleiben. Im letzten Abschnitt »1989 …« ist von diesem Prinzip abgegangen worden, zum einen, weil Heiner Müller die meisten der Gedichte aus diesem Zeitraum sehr genau datierte (und dieses Datum auch als Bestandteil des Textes verstand), zum anderen, weil durch den Tod des Autors schon nach wenig mehr als der Hälfte der Dekade eine bewußte Entscheidung über Veröffentlichung oder Zurückhaltung eines einzelnen Textes nicht behauptet werden kann.

Als besondere Textsorte sind Übersetzungen ausgewiesen, wohingegen deutlich eigenständige Nachdichtungen und Bearbeitungen in den allgemeinen Textcorpus geordnet wurden.

Die Gestalt der Gedichte folgt konsequent den Textfassungen Heiner Müllers, die er selbst als gültige Fassungen letzter Hand für den Druck autorisierte oder die von ihm in seinem Nachlaß als solche hinterlegt worden sind bzw. mit größter Wahrscheinlichkeit so gedeutet werden können. Hier gilt als Einschränkung, daß trotz sorgfältigster Recherche nicht in jedem Fall letzte Sicherheit sowohl in der Datierung als auch im Vergleich der Fassungen – gerade (aber nicht nur) bei den zu Müllers Lebzeiten unveröffentlicht gebliebenen Texten – zu gewinnen war. Bei Unklarheiten und Differenzen in Zeichensetzung und Schreibweise (insbesondere, wenn diese in gedruckten Texten auftraten) wurde im Zweifel entsprechend der Nachlaß-Überlieferungen entschieden. Vereinheitlichungen etwa typographischer Art bei Gedichtanfängen wurden bewußt nicht vorgenommen, weil davon auszugehen ist, daß Heiner Müller typographische Elemente wie zum Beispiel Versalien sehr präzis und mit Gründen gebrauchte.

Zu erwartende Kritik an dieser eingestandenen editorischen Begrenztheit muß angenommen werden als Folge einer Arbeit, die im Bewußtsein ihrer Vorläufigkeit auf Weiter- und Mitarbeit anderer hofft.

Der Herausgeber ist sich der Verantwortung bewußt, die er mit der Behauptung solcher Ordnung übernehmen mußte. Dabei halfen ihm viele. Besonderen Dank schuldet er Brigitte Maria Mayer und B. K. Tragelehn sowie Marit Gienke und Birgit Dahlke. Ohne sie wäre diese Arbeit nicht möglich gewesen.

Frank Hörnigk

Januar 1998

Die Aufforderung Heiner Müllers an seine künftigen Herausgeber, als Editionsprinzip bei einer geplanten Veröffentlichung seiner Arbeiten auf die »brutale Chronologie« der Texte zu achten, scheint auf den ersten Blick vieles zu erleichtern.

Die Arbeit an diesem Band hat gezeigt, wie sehr dieser erste Blick täuschen kann. Müller hat natürlich sehr wohl gewußt, daß er mit seiner lakonisch simpel klingenden Forderung keinen einfachen Lösungvorschlag vorgeben würde. Konsequent zu Ende gedacht, bedeutete sein Hinweis zur Ordnung des Materials nichts anderes als die Auflösung jeder Vorstellung linearer Kausalität zugunsten eines Textbegriffs, der allen Verbindlichkeiten tradierter literarischer Gattungseinteilungen entgegensteht. Diesem Anspruch voll gerecht zu werden, kann auch diese Edition noch nicht leisten – bedacht werden sollten die hinter Heiner Müllers Überlegungen stehenden Fragen jedoch allemal. Denn ebenso wie seine Gedichte immer als Texte in Bewegung erscheinen, gilt gleiches auch für alle anderen in seinem Werk auftauchenden Textsorten; das ihnen je eingeschriebene Datum ihrer ersten Gestalt sagt noch nichts aus über den historischen und poetischen Platz, den Müller später mit ihrer Veröffentlichung als Bestimmungsort ihrer ersten Wirkung vorgab. Und auch dieser Ort bleibt veränderbar: er korrigiert sich mit jeder neuen Stellung des Textes in wiederum anderen Kontexten, die zugleich andere Lektüreerfahrungen ermöglichen, das Material neu kommentierend, neu setzend – im vorliegenden und somit in gewisser Weise problematisch einseitigen Zusammenhang auch das Gedicht! Das ist aber nur die eine Ebene.

Daneben finden sich in Müllers Werk durchgehend immer auch Arbeiten unter Verschluß, eine »andere« Erfahrung des geschlossenen Blicks: die Entdeckung (aber auch Bewahrung) eigener Sprache jenseits der Ordnungen und Zwänge literarischer Öffentlichkeit. Wo solche Versuche, Entwürfe, jetzt zum ersten Mal – aus dem Nachlaß – als zu Lebzeiten von Müller selbst oder anderen zurückgehaltenes Textmaterial auftauchen und nachgelesen werden können, gerät auch dieses Material in Bewegung. Als weitere Dimension und eine zusätzliche, neue Ebene seines Werkes strahlt es zurück auf das schon Bekannte, wie es von ihm selbst seine Strahlung erfährt. Die im Band abgedruckten 120 bisher unbekannten Gedichte Müllers erscheinen damit gleichberechtigt als ihre eigene poetische Gestalt wahrende Ausdrucksformen im Horizont einer unteilbaren, äußerst komplexen Textgestalt, die als konstitutive Einheit des *gesamten* Werkes von Heiner Müller immer wieder neu entziffert werden kann.

Die über Jahrzehnte von ihm energisch betriebene Praxis, jeden Ver-such der genaueren Datierung seiner Arbeiten zu verhindern, wenn er selbst nicht ein ausdrückliches Interesse daran hatte, wird zum Teil aus dieser Beobachtung seines Umgangs mit den Texten erklärbar. Es ging Müller darum, den Widerspruch des immer gleichzeitig Ungleichzeitigen in ihnen offenzulegen und als *allgemeine* Bedingung jeder Rezeption zu behaupten – ein Vorgang, der sich nicht als ein bloßes »Verwirrspiel« um »richtig« oder »falsch« gesetzte Jahreszahlen begreifen läßt, sondern in der Konsequenz zur entscheidenden Grundlage seines literarischen Kommunikationsverständnisses wird – jenseits der einfachen Wahrheiten linear gedachter Geschichte.

Zum herrschenden Kanon solcher ›einfachen Wahrheiten‹ gehörte über einen langen Zeitraum auch die scheinbar unumstößliche Gewißheit, Heiner Müllers »eigentliche« literarische Bedeutung sei in seinem dramatischen Werk festgeschrieben. Seine vielfältigen Versuche, eigene poetische Sprache auch in anderen literarischen Gattungen oder in ganz neuen Formexperimenten zu gewinnen, wurden häufig eher subsumiert als im Zusammenhang stehend wahrgenommen. In der Einsinnigkeit solcher Rezeption wird aber gerade die Weite und produktive Dimension eines Textbegriffs verstellt, dessen Bedeutung für das Verständnis des Müllerschen Werkes als grundlegend anzusehen ist.

Vergleichbar den allenfalls beiläufigen Erwähnungen seiner Prosa-Arbeiten oder dem in den letzten Jahren sogar zunehmend kritisch verfolgten Bemühen Müllers, in der Gesprächsform des Interviews spielerisch eine ganz eigene literarische Sprache zu gewinnen und für sich – gegen die Annahme des darin nur enthaltenen politischen oder theoretischen Kommentars – als Kunstform auszubauen, sind auch seine Gedichte bisher eher »unterschätzt« als in ihrem poetisch konstitutiven Wert für sein

Gesamtwerk wirklich entdeckt worden. Wo sie lediglich als Bausteine, Bruchstücke für Künftiges – eben als Nebenprodukte der großen Stücke – gelesen werden, antworten sie auch nur in diesem Sinne, und somit begrenzt.

Heiner Müller schrieb fast zehn Jahre lang ausschließlich Gedichte, ehe er Ende der fünfziger Jahre erstmals auch als Dramatiker hervortrat, und er hat in seinem letzten Lebensjahrzehnt wiederum fast ausschließlich in Gedichten seine eigene Sprache gefunden. Der erste Band der Werkausgabe dokumentiert diese Tatsache. Sie muß nicht zur Behauptung einer neuen, lediglich umgekehrten Einseitigkeit führen. Denn selbstverständlich sind viele der frühen Texte aus den fünfziger Jahren *auch* Proben für spätere Theaterarbeiten gewesen – sowohl motivisch als vor allem auch im formästhetischen Vorrat, der in ihnen aufbewahrt ist. Das Stück »DER BAU« zitiert das Gedicht »GEDANKEN ÜBER DIE SCHÖNHEIT EINER LANDSCHAFT« ebenso, wie die Gedichte »UND ZWISCHEN ABC UND EINMALEINS«, »ANNA FLINT« oder »Deutsches Wiegenlied« auf Szenen aus »DIE SCHLACHT« verweisen. »MOTIV BEI A.S.« führt zwanzig Jahre später zu »DER AUFTRAG« usw. usf.

Aber: das Interesse an solcher Nähe erzwingt auch das Interesse an der Differenz. »MOTIV BEI A.S.« bedeutet in diesem Sinne weniger, aber auch mehr als »DER AUFTRAG«, »Germania 3 Gespenster am Toten Mann« schreibt das Gedicht »LEKTION« nicht nur weiter, sondern nimmt es auch zurück: Lesen gegen die Verheißung der einfachen Wahrheiten. Müller selbst hat es gegen Ende seines Lebens vorgeführt:

3 SELBSTKRITIK
Meine Herausgeber wühlen in alten Texten
Manchmal wenn ich sie lese überläuft es mich kalt Das
Habe ich geschrieben IM BESITZ DER WAHRHEIT
Sechzig Jahre vor meinem mutmaßlichen Tod
Auf dem Bildschirm sehe ich meine Landsleute
Mit Händen und Füßen abstimmen gegen die Wahrheit
Die vor vierzig Jahren mein Besitz war
Welches Grab schützt mich vor meiner Jugend

Die aus eben solcher Haltung, »im Besitz der Wahrheit« zu denken, wiederholt abgeleitete Bestimmung seines Theaters als »Laboratorium sozialer Phantasie« – und damit »Lernfall« gegenüber der oft hermetischen Geschlossenheit seiner Gedichte – enthält in ihrem antizipatorischen Entwurf eine große Utopie, in ihrem anhaltend konstruierten Wirklichkeitsbezug auf die DDR aber einen ebenso großen Euphemismus. Ende der fünfziger Jahre ließ sich der Eintritt des jungen Dramatikers Heiner Müller in die Öffentlichkeit des Theaters noch wie eine Verheißung auch möglicher gesellschaftlicher Öffentlichkeit der DDR-Gesellschaft insgesamt deuten. Es sollte sich jedoch bald schon erweisen, daß die daran gebundene Hoffnung auf Eingriffsmöglichkeit, auf Veränderung der »neuen Verhältnisse«, die Müller selbst anfänglich durchaus teilte, sich gerade in jenen Verhältnissen nicht einlösen ließ, auf die bezogen sie ursprünglich gedacht und zuerst beschrieben worden war. Die Erfahrung der Unfähigkeit zum Dialog trieb die Dichtung Müllers erneut und nun endgültig in die Einsamkeit der Texte, jetzt auch auf einem Theater, das diese Erfahrung nur noch subversiv mitteilen konnte, zunächst als das Ende einer Hoffnung auf die revolutionären Bewegungen der ersten Welt, später als das Ende jeder Hoffnung. Mit dem Zusammenbruch des Sozialismus bestätigte sich so gesehen lediglich, was die Texte Müllers längst wußten, Heiner Müller aber nicht mehr annehmen wollte als nun real gewordene und für seine eigene Existenz endgültige Zerstörung einer Utopie. In den Gedichten der neunziger Jahre wird diese letzte Erfahrung eindringlich und zum Vermächtnis. Der mit Gorbatschows Politik zehn Jahre zuvor noch annehmbar scheinende und kurzzeitig auch angenommene »gesammelte Irrtum« einer neuen Lernfähigkeit – »Es kann wieder gelernt werden...« – wird nach 1989 aufgebrochen – zerstört – durch den Erfahrungsdruck des Schreibens nach dem Ende dieser Utopie. Müllers Engel hat aufgehört zu fliegen.

In dem frühen Prosa-Gedicht »DER GLÜCKLOSE ENGEL« (1958) war dieser Engel – trotz aller Katastrophen der Welt – noch beschreibbar als verschüttet von den Steinschlägen der Geschichte, aber zugleich »wartend auf Geschichte«. Seine Versteinerung war tragisch, jedoch begrenzt auf eine Vorgeschichte, die aufgelöst werden konnte durch die antizipierte Erfahrung vom

Anfang eines neuen Fluges. Es war die Erwartung des Augenblicks, bis »... das erneute Rauschen mächtiger Flügelschläge sich in Wellen durch den Stein fortpflanzt und seinen Flug ankündigt«. Diese letzte Zukunftsgewißheit teilte Müller. Sie blieb noch auffindbar in der Fortschreibung des Bildes »Engel der Verzweiflung« in »DER AUFTRAG« Ende der siebziger Jahre: »Ich bin der Engel der Verzweiflung. Mit meinen Händen teile ich den Rausch aus, die Betäubung, das Vergessen, Lust und Qual der Leiber. Meine Rede ist das Schweigen, mein Gesang der Schrei. Im Schatten meiner Flügel wohnt der Schrecken. Meine Hoffnung ist der letzte Atem. Meine Hoffnung ist die erste Schlacht. Ich bin das Messer mit dem der Tote seinen Sarg aufsprengt. Ich bin der sein wird. Mein Flug ist der Aufstand, mein Himmel der Abgrund von morgen.«

Trotz aller Verzweiflung, die diese Erfahrung ausmacht: mit dem Wissen um seinen »Auftrag« wird auch dieser Engel seinen Flug aufs neue beginnen können. Er kommt wieder in Bewegung, wenn er den Toten die Särge aufbricht und sie damit aus ihrer Vergangenheit befreit. Es ist eine »explosion of a memory« − die nun das Kontinuum der Geschichte aufsprengen soll, ein Aufstand der Toten gegen das Vergessen der Lebenden. Es ist Müllers letzte Hoffnung. Sie scheitert, als er − noch einmal zehn Jahre später − weiß: »Kein Engel sprengt mit Flügeln deinen Raum« und dann, wie in einem Rückgriff auf den Ausgangspunkt 1958, mit dem Gedicht »GLÜCKLOSER ENGEL 2« den endgültigen Verlust des alten Bildes betrauert:

GLÜCKLOSER ENGEL 2

Zwischen Stadt und Stadt
Nach der Mauer der Abgrund
Wind an den Schultern die fremde
Hand am einsamen Fleisch
Der Engel ich höre ihn noch
Aber er hat kein Gesicht mehr als
Deines das ich nicht kenne.

Damit ist der Abschied von gestern vollzogen – und das nicht nur im besonderen Zusammenhang dieses einen Bildes. Müller ruft die alten Gewißheiten seines gesamten Werkes auf; eingeschlossen die vorhandenen Zeugnisse seiner Bereitschaft, im Einzelfall für Freunde, auch für eine politische Propaganda, sich als Schriftsteller in den Dienst nehmen zu lassen. Das war selten genug. Sein Werk – auch seine Gedichte – dokumentieren es.

Dennoch: am Ende wird die Gültigkeit *aller* Bilder in Frage gestellt. Sie werden damit befreit. Freigegeben für eine Kritik aus der historischen Distanz, erscheinen sie allein so wirklich aufhebbar, neu lesbar. Für Müller schloß sich diese Möglichkeit der Geduld zu einer neuen Lektüreerfahrung aus; eine andere Arbeit war entscheidend geworden, einmündend in die SELBSTKRITIK und die Gewißheit der »leeren Zeit« vor sich, auf die das lyrische Subjekt in seinem Gedicht von nun an hinleben wird. Mit dem Text wird sie zur letzten, unbedingten Herausforderung an sich selbst – und zur anhaltenden Herausforderung an die, die nach Müller mit seinen Texten umgehen werden.

LEERE ZEIT

Meinen Schatten von gestern
Hat die Sonne verbrannt
In einem müden April

Staub auf den Büchern

In der Nacht
Gehn die Uhren schneller

Kein Wind vom Meer

Warten auf nichts

So kann eine neue Lektüre beginnen, nicht mehr in der Erwartung auf Erlösung, die aus den Texten selbst kommt, sondern auf Hoffnung setzend in der Ermutigung zu einem selbstbestimmten Denken, das die endgültige Absage Müllers an das Publikum, seine Arbeiten vor allem als Lieferanten vordenkender Entwürfe von Welt anzusehen und zu feiern, anders als mit bloßer Enttäuschung beantwortet.

Eine der letzten Prosaarbeiten Müllers – TRAUMTEXT OKTOBER 1995 – könnte als ein Beleg für die Möglichkeit eines solchen, erst spät auch für sich selbst entdeckten, neuerlichen Bewußtseinswandels stehen. In der traumatischen Vorstellung eines riesigen, undurchdringlichen Kessels und der ausweglosen Kreisbewegung des Eingeschlossenen darin, »zwischen Kesselwand und bodenlos nasser Tiefe«, liegt das Furchtzentrum dieses Bildes. Für den Mann mit seinem Kind im Arm wird es kein Entkommen mehr geben; als er in das Wasser stürzt, sieht er zuletzt noch mit Entsetzen und Erleichterung seine Tochter auf dem Betonrand, noch nicht in Gefahr, doch schon dabei, herauszukriechen aus dem Korb, in dem er sie getragen hatte: »... die Augen auf mir, der aus dem Wasser nicht heraus kann, der Betonrand zu hoch, BLEIB WEG VON MIR DER DIR NICHT HELFEN KANN mein einziger Gedanke, während ihr fordernd vertrauender Blick mir hilflosem Schwimmer das Herz zerreißt.«

Welches Bild könnte eindringlicher vor einer Haltung warnen, die auf Errettung von dem hofft, der untergehen wird – und der das weiß! Seine Botschaft, in diesem letzten Moment der Wahrheit, lautet anders: er zeigt von sich weg – die latente Verdrängung der Angst vor dem eigenen Scheitern manifestiert sich ein letztes Mal – als Korrektur. Denn nun ist auch diese Probe bestanden. Der Mann hat aufgehört, auf eine andere Geschichte oder den Ausbruch aus dem immer Gleichen zu warten – wie sein Text. Mit dem Bewußtsein, von ihr eingeholt zu sein, verharrt er im Raum seiner Gefangenschaft, wartend auf seinen Tod, über sich noch einmal den kindlichen Blick voller Vertrauen auf eine Errettung, die von ihm ausgehen könnte – ein einziger Gedanke, der »das Herz zerreißt« –, aber sein Wissen um die Endgültigkeit des eigenen Endes nicht mehr rückgängig machen wird. Der »Alptraum der Geschichte«, im Bild des ausweglosen Kessels zur letzten Konsequenz aller katastrophischen Erfahrungen seines Lebens getrieben, hat Bestand, aber er läßt Arbeit zurück, gegen die Katastrophen der Welt weiter anzusprechen, »um die Wirklichkeit unmöglich zu machen«.

Von dieser notwendigen Arbeit handeln die meisten der hier abgedruckten Gedichte Müllers. Und darin könnte ihr Vorrat liegen –
auch jenseits ihres historisch »begrenzten« Wissens. Zurückge-
nommen werden nicht die alten Bilder, in Frage gestellt wird die
Sicherheit eines Denkens, das »die Angst vor der Eigenbewegung
des Materials« nicht aufhebt. Müllers Gedichte zeigen die Wege
eines Denkens jenseits dieser Angst.

Frank Hörnigk

Januar 1998

1949 ...

Auf Wiesen grün: Heiner Müller: Gedichte, Berlin 1992, Motto
LACH NIT ES SEI DANN EIN STADT UNTERGANGEN: Heiner
  Müller: Germania Tod in Berlin, Berlin 1977, S. 8
UND ZWISCHEN ABC UND EINMALEINS: Heiner Müller: Ge-
  dichte, Berlin 1992, S. 9
WOHIN?: Neue deutsche Literatur, Berlin 2/1955, S. 98
BERICHT VOM ANFANG: Heiner Müller: Gedichte, Berlin 1992,
  S. 10-12
BILDER: Heiner Müller: Gedichte, Berlin 1992, S. 13
PHILOKTET 1950: Heiner Müller: Gedichte, Berlin 1992, S. 14
GESCHICHTEN VON HOMER: Heiner Müller: Gedichte, Berlin
  1992, S. 15-16
GESPRÄCH MIT HORAZ: Heiner Müller: Gedichte, Berlin 1992,
  S. 17
HORAZ: Heiner Müller: Gedichte, Berlin 1992, S. 18
ÜBER CHAMISSOS GEDICHT »DIE ALTE WASCHFRAU«: Hei-
  ner Müller: Gedichte, Berlin 1992, S. 19
Ein Mann ging sterben, nachts, im Kriege, der: Wolfgang Storch
  (Hrsg.): Explosion of a memory, Berlin 1988, S. 164
ANNA FLINT: Heiner Müller: Gedichte, Berlin 1992, S. 20
MISSOURI 1951: Heiner Müller: Gedichte, Berlin 1992, S. 21
HUNDERT SCHRITT: Heiner Müller: Gedichte, Berlin 1992, S. 22
FRAGE UND ANTWORT: Heiner Müller: Gedichte, Berlin 1992,
  S. 23
UMSCHAU VON FREMDEN HÜGELN: Heiner Müller: Gedichte,
  Berlin 1992, S. 24
Auf dem Weg in das Land mit: Heiner Müller: Gedichte, Berlin
  1992, S. 25
Der Kaiser braucht Soldaten, Vater: Heiner Müller: Gedichte,
  Berlin 1992, S. 26
Ich war ein Held, mein Ruhm gewaltig: Heiner Müller: Gedichte,
  Berlin 1992, S. 27

343

KULTURFAHRT NACH CHEMNITZ: Nachlaß
KINDERLIED: Nachlaß
DEUTSCHES WIEGENLIED: Nachlaß
RÄTSEL [1]: Nachlaß
RÄTSEL [2]: Nachlaß
FRAGE: Nachlaß
DAS MÄDCHEN AM BRUNNEN: Nachlaß
AUFBAULIEDER FÜR KINDER: Nachlaß
BREMER KINDERLIED 1952: Nachlaß
OBDACHLOSEN-LIEDER: Nachlaß
KINDERLIED VOM TOTEN MANN IM DICKEN NEBEL: Nach-
    laß
TRAKTORISTENLIED: Nachlaß
DER ROTE PAPAGEI: Nachlaß
DIE BAUERN WERDEN ZUM GERICHT ABTRANSPORTIERT:
    Nachlaß
DIE BAUMBESCHNEIDUNG: Nachlaß
FERKELSCHLACHTUNG: Nachlaß
HERR DSCHU VERTEIDIGT SEIN EIGENTUM: Nachlaß
HERR DSCHU UND SEINE AFFEN: Nachlaß
HERR DSCHIN UND DIE GÖTTER: Nachlaß
LIED VOM HOANG-HO: Nachlaß
DREI VOLKSLIEDER: Nachlaß
Heute früh zur Jagd ritt Shu: Nachlaß
BUNTSCHUK I: Nachlaß
BUNTSCHUK II: Nachlaß
MAUSER: Nachlaß
DER UND JENER: Nachlaß
BRUCHSTEDT: Nachlaß
DIE BEFREITEN: Nachlaß
DIE FAHNE: Nachlaß
Einsam: Nachlaß
VON DEN WÄLDERN: Nachlaß
BERLINER ELEGIEN: Nachlaß
REUTLINGER ELEGIEN: Nachlaß
Zwischen zwei zerschossene Wänd: Nachlaß
DAS PFERD HAT KEIN GEWEHR: Nachlaß
Vor dem Schlachthof stehend hörte ich die Rinder: Nachlaß

LIED ÜBER STALIN: Wir singen mit Freunden, hg. vom Zentralrat des FDJ, Berlin 1951, S. 18

DAS LIED VON STALIN: Wir singen mit unseren Freunden, hg. vom Zentralrat der FDJ, Berlin 1951, S. 68

DER MARSCH DES 1. KORPS/1943: Wir singen mit unseren Freunden, hg. vom Zentralrat der FDJ, Berlin 1951, S. 80

STIEFELEISEN, SPRÜHT NUN FEUER: Wir singen mit unseren Freunden, hg. vom Zentralrat der FDJ, Berlin 1951, S. 85

HEJ, IHR KRAKAUER BURSCHEN: Wir singen mit unseren Freunden, hg. vom Zentralrat der FDJ, Berlin 1951, S. 86

SEEMANNSLIEDCHEN: Wir singen mit unseren Freunden, hg. vom Zentralrat der FDJ, Berlin 1951, S. 84

IM ARBEITERVIERTEL VON LAHORE: Von Dir singt die Erde. Gedichte über Stalin, Berlin 1952, o. S.

REDE DER SOWJETISCHEN SCHRIFTSTELLER AUF DEN GENOSSEN STALIN: Von Dir singt die Erde. Gedichte über Stalin, Berlin 1952, o. S.

EIN WORT AN DEN GENOSSEN STALIN: Nachlaß

LIED DER SOWJETISCHEN SCHULKINDER: Von Dir singt die Erde. Gedichte über Stalin, Berlin 1952, o. S.

MARSCH DER FREUNDSCHAFT: Wir singen mit unseren Freunden, hg. vom Zentralrat der FDJ, Berlin 1951, S. 108

UNSER WAPPEN: Von Dir singt die Erde. Gedichte über Stalin, Berlin 1952, o. S.

EIN SOWJETMENSCH; GRADE UND SCHLICHT: Nachlaß

1959 …

ÖDIPUSKOMMENTAR: Heiner Müller: Gedichte, Berlin 1992, S. 51

BABELSBERGER ELEGIE 1960: Heiner Müller: Gedichte, Berlin 1992, S. 54

FILM: Heiner Müller: Gedichte, Berlin 1992, S. 55

AN DIE BERGSTEIGER: Heiner Müller: Gedichte, Berlin 1992, S. 56

SCHALL CORIOLAN: Heiner Müller: Gedichte, Berlin 1992, S. 57

WINTERSCHLACHT 1963: Forum, Berlin 6/1963, S. 7

Der Reisende Shakespeare: Heiner Müller: Gedichte, Berlin 1992,
   S. 75
GROSSES WURDE VOLLBRACHT: Nachlaß

1979 ···

BRUCHSTÜCK FÜR LUIGI NONO: Heiner Müller: Gedichte,
   Berlin 1992, S. 79
Ich bin der Engel der Verzweiflung: Heiner Müller: Gedichte,
   Berlin 1992, S. 80
NACHTZUG BERLINFRIEDRICHSTRASSE FRANKFURT-
   MAIN: Heiner Müller: Gedichte, Berlin 1992, S. 81
Bei der Vorbeifahrt am Schloßpark Charlottenburg plötzlich die
   Trauer: Heiner Müller: Gedichte, Berlin 1992, S. 82
MANCHMAL WENN ICH MEINE PRIVILEGIEN GENIESSE:
   Heiner Müller: Gedichte, Berlin 1992, S. 83
ZAHNFÄULE IN PARIS: Heiner Müller: Gedichte, Berlin 1992,
   S. 84
FRAGMENTARISCHER BRIEF AN EINE VERLORENE LIEBE:
   Heiner Müller: Gedichte, Berlin 1992, S. 85
DAYS WITH OLJA AND THINGS LIKE THAT: Heiner Müller:
   Gedichte, Berlin 1992, S. 86
BRIEF AN A. S.: Heiner Müller: Gedichte, Berlin 1992, S. 87
KULTURPOLITIK NACH BORIS DJACENKO: Heiner Müller:
   Gedichte, Berlin 1992, S. 88
WIEDERSEHN MIT DER BÖSEN COUSINE: Heiner Müller:
   Gedichte, Berlin 1992, S. 89
ABSCHIEDE: Nachlaß (Die Teile 1-3 dieses Textes sind von Müller
   in nahezu identischer Fassung separat veröffentlicht worden, vgl.
   S. 174, S. 175, S. 217 dieses Bandes.)
Delphi: zwischen mir und den Göttern: Nachlaß
TORSO: Nachlaß
Du wirst immer: Nachlaß

Leichter Regen auf leichtem Staub: Heiner Müller: Gedichte,
   Berlin 1992, S. 92
FERNSEHEN: Heiner Müller: Gedichte, Berlin 1992, S. 94
HERZ DER FINSTERNIS NACH JOSEPH CONRAD: Heiner
   Müller: Gedichte, Berlin 1992, S. 97
SELBSTKRITIK 2 ZERBROCHNER SCHLÜSSEL: Heiner Müller:
   Gedichte, Berlin 1992, S. 99
GLÜCKLOSER ENGEL 2: Heiner Müller: Gedichte, Berlin 1992,
   S. 100
HERAKLES 13: Sinn und Form, Berlin 1/1992, S. 23-25, Inter-
   linearversion: Peter Witzmann
TRAVEL-NOTES: Nachlaß
Frau mit Hund: Claudia Gehrke, Uwe Schmidt (Hg.): Mein heim-
   liches Auge. Das Jahrbuch der Erotik VI, Tübingen 1991, S. 95
AHNENBRÜHE: Nachlaß (Bibliographische Hinweise: Katharina
   Ebrecht: Staatsexamensarbeit, Heidelberg 1996)
NATURE MORTE: Nachlaß
SEIFE IN BAYREUTH: Michael Freitag, Stephan Suschke (Hg.):
   Heiner Müller: Ich hab zur Nacht gegessen mit Gespenstern,
   Berlin 1993, S. 27
KLAGE DES GESCHICHTSSCHREIBERS: Nachlaß
GELD FÜR SPANIEN: Nachlaß
HERZKRANZGEFÄSS: Thomas Günther (Hg.): Heiner Müller,
   Hartmut Sörgerl: Dschamp 11. Edition der Galerie auf Zeit,
   Berlin 1995, o. S.
SENECAS TOD: Michael Freitag, Stephan Suschke (Hg.): Heiner
   Müller: Ich hab zur Nacht gegessen mit Gespenstern, Berlin
   1993, S. 30-32
STERBENDER MANN MIT SPIEGEL: Nachlaß
MÜLLER IM HESSISCHEN HOF: Michael Freitag, Stephan
   Suschke (Hg.): Heiner Müller: Ich hab zur Nacht gegessen
   mit Gespenstern, Berlin 1993, S. 28-29
BESUCH BEIM ÄLTEREN STAATSMANN: Michael Freitag, Ste-
   phan Suschke (Hg.): Heiner Müller: Ich hab zur Nacht gegessen
   mit Gespenstern, Berlin 1993, S. 43-45

MOMMSENS BLOCK: Drucksache 1, Berliner Ensemble 1993, S. 1-9

ICH HAB ZUR NACHT GEGESSEN MIT GESPENSTERN: Michael Freitag, Stephan Suschke (Hg.): Heiner Müller: Ich hab zur Nacht gegessen mit Gespenstern, Berlin 1993, S. 5

STADTVERKEHR: Nachlaß

NACHDENKEN ÜBER MICHELANGELO: Brigitte Maria Mayer: perfect sister II. Im Objektiv des Casanova. Fotobildband mit Texten von Heiner Müller, Tübingen 1993, o. S.

TRISTAN 1993: Brigitte Maria Mayer: perfect sister II. Im Objektiv des Casanova. Fotobildband mit Texten von Heiner Müller, Tübingen 1993, o. S.

MARKE ZUM TOTEN TRISTAN: Brigitte Maria Mayer: perfect sister II. Im Objektiv des Casanova. Fotobildband mit Texten von Heiner Müller, Tübingen 1993, o. S.

LERNPROZESS: Nachlaß

DAS GLÜCK DER ANGST: Nachlaß

BIRTH OF A SOLDIER: Aus dem Nachlaß veröffentlicht in: Frank Hörnigk, Martin Linzer, Frank Raddatz, Wolfgang Storch, Holger Teschke (Hg.): Ich Wer ist das Im Regen aus Vogelkot Im Kalkfell, Berlin 1996, S. 150

BLAUPAUSE: Nachlaß

Marx ist tot er wollte die Welt ändern: Nachlaß

RECHTSFINDUNG: Nachlaß

SCHWARZFILM: Drucksache 7, Berliner Ensemble 1994, S. 257

Galilei betrachtet die Sterne Sie kümmern sich nicht: Nachlaß

GESPRÄCH MIT YANG TSCHU »DEM PESSIMISTEN«: Nachlaß

SEHSTÖRUNG: Nachlaß

RUDOLF AUGSTEIN, 70: Theater der Zeit, Berlin 2/1995, S. 2

im spiegel mein zerschnittener koerper: FAZ 28. 3. 1995

auftauchen in der isolierstation: Nachlaß

dialog: Nachlaß

SHOWDOWN: Berliner Zeitung 21./22. 1. 1995

IBSEN ODER DER TOD ALS EMBRYO FAHRT DURCH EINE FREMDE STADT: Thomas Günther (Hg.): Heiner Müller, Hartmut Sörgel: Dschamp 11. Edition der Galerie auf Zeit, Berlin 1995, o. S.

LEAR ein Assoziationsraum (kein Kommentar): Nachlaß

THEATERTOD: FAZ 9. 12. 1994
FREMDER BLICK: ABSCHIED VON BERLIN: Heiner Müller:
Bruchstücke, hg. vom Düsseldorfer Schauspielhaus, Spielzeit
1995/96, S. 41
LEERE ZEIT: Aus dem Nachlaß veröffentlicht in: Frank Hörnigk,
Martin Linzer, Frank Raddatz, Wolfgang Storch, Holger
Teschke (Hg.): Ich Wer ist das Im Regen aus Vogelkot Im
Kalkfell, Berlin 1996, S. 154
FELDHERRNGEFÜHLE: FAZ 11. 3. 1994
RÖMERBRIEF: Nachlaß [Heiner Müller: Poèmes (1949-1995).
Rèunis par Jean Jourdheuil, Paris 1996, S. 132-134, französische
Übersetzung]
AJAX ZUM BEISPIEL: FAZ 29. 10. 1994
TRAUMWALD: FAZ 9. 1. 1995 (o. T. und in orthographisch anderer
Fassung)
ajax: Nachlaß
AUF DER SUCHE NACH ODRADEK: Aus dem Nachlaß veröffent-
licht in: Drucksache 20, Berliner Ensemble 1996, S. 811
Beim Vorübergehen am Bücherregal: Nachlaß
DAY AFTER DAY: Nachlaß
DRUCKFEHLER MISPRINT: Nachlaß
Ein Jahr und länger habe ich meinen Freund nicht gesehn: Nach-
laß
im ächten Manne: Aus dem Nachlaß veröffentlicht in:
Drucksache 20, Berliner Ensemble 1996, Rückumschlag
Vergiß das Theater und sieh auf das NO: Nachlaß
Das leere Treppenhaus erzählt den Schrecken: Vom Verschwinden
des Menschen. Bilder von Erich Lindenberg. Texte von Heiner
Müller. Katalog Museum Morsbroich vom 10. 10.-15. 11. 1992,
Redaktion: Rolf Wedewer, Leverkusen 1992, o. S.
Mit der Wiederkehr der Farbe droht die: Vom Verschwinden des
Menschen ... Leverkusen 1992, o. S.
... Und gehe weiter in die Landschaft: Vom Verschwinden des
Menschen ... Leverkusen 1992, o. S.
Wie einen Schatten hat Gott den: Vom Verschwinden des Men-
schen ... Leverkusen 1992, o. S.
Über ein Blatt mit Gedichten: Nachlaß
ZWISCHEN DEN SCHLACHTEN GEGEN MICH: Nachlaß

VILLA AURORA: Nachlaß
WELCOME TO SANTA MONICA: FAZ 21. 1. 1995
Die Wissenschaftler leben im Schrecken: Nachlaß
MONTAIGNE MEETS TASSO 1: Nachlaß
VAMPIR: Heiner Müller: Bruchstücke, hg. v. Düsseldorfer Schau-
    spielhaus, Spielzeit 1995/96
POESIE UND PROSA: Nachlaß
NOTIZ 409: Aus dem Nachlaß veröffentlicht in: Drucksache 18,
    Berliner Ensemble 1996, S. 713-716
ENDE DER HANDSCHRIFT: Nachlaß
DRAMA: Aus dem Nachlaß veröffentlicht in: Drucksache 20,
    Berliner Ensemble 1996, S. 831
im schädel königreiche universen: Aus dem Nachlaß veröffentlicht
    in: Theater der Zeit, Berlin 1/1997, S. XXV
ICH KAUE DIE KRANKENKOST DER TOD: Nachlaß
Vor meiner Schreibmaschine dein Gesicht: Nachlaß
ein kind weint in der cafeteria: Nachlaß
Geh Ariel bring den Sturm: Nachlaß

Inhalt

355